EN İYİ TEREYAĞI KREM YEMEK KİTABI

Dayanılmaz Buzlanmalar ve Kremalar için 100 Çöken Tarif

Kübra Şahin

Telif Hakkı Malzemesi ©2024

Her hakkı saklıdır

Bu kitabın hiçbir bölümü, incelemede kullanılan kısa alıntılar dışında, yayıncının ve telif hakkı sahibinin uygun yazılı izni olmadan, hiçbir şekilde veya yöntemle kullanılamaz veya aktarılamaz. Bu kitap tıbbi, hukuki veya diğer profesyonel tavsiyelerin yerine geçmemelidir.

İÇİNDEKİLER

İÇİNDEKİLER 3
GİRİİŞ 6
TEREYAĞI 7
   1. Limoncello Buzlanma 8
   2. Biscoff Şekerlemesi 10
   3. Mocha Buzlanma 12
   4. Kapuçino Şekerlemesi 14
   5. Snicker Bar Buzlanma 16
   6. Prosecco Tereyağlı Krema 18
   7. Dalgona Buzlanma 20
   8. Ferrero Rocher Buzlanma 22
   9. Mangolu Buzlanma 24
   10. Doğum Günü Pastası Tarçınlı Sır 26
   11. Şekerleme Kreması 28
   12. Karamelli Krema 30
   13. Çıkolatalı Krem Şantı 32
   14. Prosecco Tereyağlı Krema 34
   15. Kabarık Buzlanma 36
   16. Cadbury barları Buzlanma 38
   17. Antep fıstığı kreması 40
   18. Kahve kreması 42
   19. Doğum günü pastası kreması 44
   20. Graham kreması 46
   21. Naneli cheesecake kızartması 48
   22. Fındık kreması 50
   23. Pasta kırıntısı buzlanma 52
   24. Kabak Çekirdeği Sırlaması 54
   25. Elmalı Kabartma Buzlanma 56
   26. Limonlu Tereyağlı Krema 58
   27. Penuche Buzlanma 60
   28. Çırpılmış Mocha Şekerlemesi 62
   29. Şekerleme buzlanma 64
   30. Siyah Kek Sırlaması 66
   31. Hindistan Cevizli Krem Peynirli Krema 68
   32. Marmelat Krem Peynir Sırlaması 70
   33. Çıkolatalı Kiraz Şekeri 72
   34. Kraliyet Buzlanma 74
   35. Karamela Şekerlemesi 76
   36. Akçaağaç Tereyağlı Krema Sırlaması 78
   37. Erik Tereyağı Sırlaması 80
   38. Portakallı Krem Peynirli Krema 82
   39. Baharatlı Cevizli Kek Sırları 84

40. WALDORF KIRMIZI KADİFE BUZLANMA 86
41. AHUDUDU SOSLU KREM ŞANTİ 88
42. ESPRESSO KREM PEYNİR SIRLARI 90
43. LİMONLU HAŞHAŞ TOHUMU SIRLAMASI 92
44. KARAMELLİ KREMALI BUZLANMA 94
45. NANE ÇİKOLATALI KREMA 96
46. BALLI KREMA SIRLAMASI 98
47. AHUDUDU BUTTERCREAM SIRLANMA 100
48. FISTIKLI KREM PEYNİR SIRLAMASI 102
49. ESMER ŞEKERLİ KREMA 104
50. COCA-COLA BUZLANMA 106
51. GUAVA SIRLAMASI 108
52. DENİZ KÖPÜĞÜ BUZLANMA 110
53. PEMBE PUF BUZLANMA 112
54. KAVRULMUŞ FISTIK EZMESİ SIRLAMASI 114
55. MACAR BUZLANMA 116
56. MARASCHINO BUZLANMA 118
57. TEREYAĞLI CEVİZLİ KREMA 120
58. BUZLU REÇEL KEK KREMA 122
59. İPEKSİ KAKAOLU ŞEKERLEME 124

CAM 126

60. NANE SIR 127
61. ÇİLEK SIR 129
62. KAHVE SIR 131
63. ELMA ŞARABI SIR 133
64. KAYISI SIR 135
65. BURBON SIR 137
66. KREM PEYNİR SIR 139
67. TURUNCU SIR 141
68. ÇİKOLATALI TEREYAĞLI KREMA SIR 143
69. LİMON SIR 145
70. MANDALİNA SIR 147
71. BAL SIR 149
72. AKÇAAĞAÇ SIR 151
73. AHUDUDU SIR 153
74. MANGO SIR 155
75. LAVANTA SIR 157
76. FISTIK EZMESİ SIR 159
77. KARAMEL SIR 161
78. BADEM SIR 163
79. HİNDİSTAN CEVİZİ SIR 165
80. FISTIK SIR 167
81. MATCHA YEŞİL ÇAY SIR 169
82. AHUDUDU LİMONATA SIR 171

GANAJ **173**
   83. BALKABAĞI GANAJI 174
   84. PANCAR-KİREÇ GANAJI 176
   85. ÇİKOLATALI FINDIKLI GANAJ 179
   86. GRAHAM GANAJI 181
   87. BİTTER ÇİKOLATALI GANAJ 183
   88. SÜTLÜ ÇİKOLATALI GANAJ 185
   89. BEYAZ ÇİKOLATALI GANAJ 187
   90. BİTTER ÇİKOLATALI PORTAKALLI GANAJ 189
   91. ESPRESSO BİTTER ÇİKOLATALI GANAJ 191
   92. TUZLU KARAMELLİ GANAJ 193
   93. AHUDUDU BEYAZ ÇİKOLATALI GANAJ 195
   94. NANELİ ÇİKOLATALI GANAJ 197
   95. FISTIK EZMELİ ÇİKOLATALI GANAJ 199
   96. HİNDİSTAN CEVİZLİ BEYAZ ÇİKOLATALI GANAJ 201
   97. FINDIKLI BİTTER ÇİKOLATALI GANAJ 203
   98. BADEM SÜTLÜ ÇİKOLATALI GANAJ 205
   99. HİNDİSTAN CEVİZİ SÜTLÜ BİTTER ÇİKOLATALI GANAJ 207
   100. KARAMELİZE BEYAZ ÇİKOLATALI GANAJ 209
ÇÖZÜM **211**

GİRİİŞ

" EN İYİ TEREYAĞI KREM YEMEK KİTABI: Dayanılmaz Krema ve Kremalar için 100 Çöken Tarif" kitabına hoş geldiniz. Kremsi dokusu ve lezzetli tadıyla Buttercream, uzun süredir pişirme dünyasında sevilen bir elyaf olmuştur. İster bir doğum günü pastasını süslerken, ister bir makarnayı doldururken, ister bir grup kekin üzerini süslerken, tereyağlı krema tatlıları yeni hoşgörü seviyelerine yükseltir. Bu kapsamlı yemek kitabında sizi tereyağlı kremanın sonsuz olanaklarını keşfetmeye ve mutfakta yaratıcılığınızı ortaya çıkarmaya davet ediyoruz.

Buttercream sadece bir kremadan daha fazlasıdır; sayısız lezzet kombinasyonu, doku ve dekoratif teknik sunan mutfak sanatı için bir tuvaldir . Vanilya ve çikolata gibi klasik tariflerden matcha yeşil çay ve çarkıfelek meyvesi gibi egzotik tatlara kadar bu yemek kitabındaki tarifler, tereyağlı kremanın çok yönlülüğünü ve her tatlıyı bir şahesere dönüştürme yeteneğini sergiliyor .

İster tereyağlı kremanın temellerinde ustalaşmaya çalışan acemi bir fırıncı, ister yeni kreasyonlar için ilham arayan deneyimli bir pasta şefi olun, "EN İYİ TEREYAĞI KREM YEMEK KİTABI"ta herkes için bir şeyler var . Ayrıntılı talimatlar, faydalı ipuçları ve çarpıcı fotoğraflar içeren bu yemek kitabı, her seferinde mükemmel tereyağlı krema yaratma sürecinde size rehberlik edecek.

Ancak bu yemek kitabı bir yemek tarifleri koleksiyonundan daha fazlasıdır; bu, pişirme sanatının ve hoşgörü sevincinin bir kutlamasıdır. İster özel bir gün için yemek yapıyor olun , ister kendinize tatlı bir ziyafet ısmarlıyor olun, tereyağlı kremayla çalışmanın ve duyuları memnun eden tatlılar yaratmanın son derece tatmin edici bir yanı vardır.

Bu nedenle , ister bir düğün pastasının üzerine güller sıkın, ister şekerli kurabiyelerin üzerine krema sürün, ister kremalı dolgulu kek katmanlarını sandviçleyin, bırakın "EN İYİ TEREYAĞI KREM YEMEK KİTABI" sizi kesinlikle etkileyecek, karşı konulmaz tatlılar yaratmada rehberiniz olsun.

TEREYAĞI

1. Limoncello Buzlanma

İÇİNDEKİLER:

- ½ bardak tuzsuz tereyağı, yumuşatılmış
- 4 su bardağı pudra şekeri
- 2 yemek kaşığı Limoncello likörü
- 1 yemek kaşığı taze limon suyu
- Sarı gıda boyası (isteğe bağlı)
- Garnitür için limon kabuğu rendesi

TALİMATLAR:

a) Bir karıştırma kabında yumuşatılmış tereyağını krema kıvamına gelinceye kadar çırpın.

b) Yavaş yavaş pudra şekeri Limoncello'yu ekleyin. likör ve limon suyu. Pürüzsüz ve kabarık olana kadar çırpın.

c) İstenirse, kremanın canlı sarı rengini elde etmek için birkaç damla sarı gıda boyası ekleyebilirsiniz.

2.Biscoff Şekerlemesi

İÇİNDEKİLER:
- 1 su bardağı tuzsuz tereyağı, yumuşatılmış
- 1 bardak Biscoff kreması
- 4 su bardağı pudra şekeri
- ¼ bardak süt
- 1 çay kaşığı vanilya özü

TALİMATLAR:
a) Büyük bir karıştırma kabında yumuşatılmış tereyağını ve Biscoff kremasını pürüzsüz ve kremsi bir kıvama gelinceye kadar çırpın.

b) Yavaş yavaş pudra şekeri, süt ve vanilya özünü ekleyin, düşük hızda birleşene kadar karıştırın. Hızı orta-yüksek seviyeye yükseltin ve hafif ve kabarık olana kadar çırpın.

c) Eğer krema çok kalınsa, istenilen kıvama gelinceye kadar her defasında bir çorba kaşığı daha fazla süt ekleyin.

3.Mocha Buzlanma

İÇİNDEKİLER:

- ¼ fincan tuzsuz tereyağı, yumuşatılmış
- 1½ su bardağı pudra şekeri
- 1 yemek kaşığı kakao tozu
- 1 yemek kaşığı hazır kahve granülü
- 2-3 yemek kaşığı süt
- çikolata parçacıkları veya kakao tozu (isteğe bağlı)

TALİMATLAR:

a) Bir karıştırma kabında yumuşatılmış tereyağını krema kıvamına gelinceye kadar çırpın.

b) Yavaş yavaş pudra şekeri ve kakaoyu ekleyin. toz ve hazır kahve granüllerini ekleyin. İyice birleşene kadar karıştırın.

c) Her seferinde bir çorba kaşığı süt ekleyin ve krema pürüzsüz ve yayılabilir bir kıvama gelinceye kadar çırpmaya devam edin.

4.Kapuçino Şekerlemesi

İÇİNDEKİLER:
- ½ bardak tuzsuz tereyağı, yumuşatılmış
- 2 su bardağı pudra şekeri
- 1 yemek kaşığı hazır kahve granülü
- 1 yemek kaşığı sıcak su
- 1 çay kaşığı vanilya özü

TALİMATLAR:
a) Yumuşatılmış tereyağını krema kıvamına gelinceye kadar çırpın.
b) Hazır kahve granüllerini sıcak suda eritip pudra şekeri ve vanilya özüyle birlikte tereyağ karışımına ekleyin.
c) Pürüzsüz ve kremsi olana kadar çırpın.

5.Snicker Bar Buzlanma

İÇİNDEKİLER:
- ½ bardak tuzsuz tereyağı, yumuşatılmış
- ½ bardak kremalı fıstık ezmesi
- 2 su bardağı pudra şekeri
- 3 yemek kaşığı süt
- Üzeri için doğranmış Snickers barları

TALİMATLAR:
a) Bir kapta yumuşatılmış tereyağını ve fıstık ezmesini pürüzsüz ve kremsi bir kıvama gelinceye kadar çırpın.
b) Yavaş yavaş pudra şekerini ekleyerek iyice birleşene kadar karıştırın.
c) İstenilen kıvama gelinceye kadar her seferinde 1 yemek kaşığı süt ekleyin.
ç) Kıyılmış Snickers barlarını karıştırın.

6.Prosecco Tereyağlı Krema

İÇİNDEKİLER:
- 1½ bardak tuzsuz tereyağı, yumuşatılmış
- 4 su bardağı pudra şekeri
- ¼ bardak Prosecco (köpüklü şarap)
- 1 çay kaşığı vanilya özü

TALİMATLAR:
a) Büyük bir karıştırma kabında yumuşatılmış tereyağını kremsi ve pürüzsüz hale gelinceye kadar çırpın.
b) bir bardak olacak şekilde pudra şekerini yavaş yavaş ekleyin.
c) Prosecco ve vanilya özütünü karıştırın ve krema hafif ve kabarık hale gelinceye kadar çırpmaya devam edin.

7.Dalgona Buzlanma

İÇİNDEKİLER:
- 1½ bardak ağır krema, soğutulmuş
- ¼ su bardağı pudra şekeri
- ¼ fincan Dalgona kahvesi
- Kakao tozu (tozunu almak için isteğe bağlı)

TALİMATLAR:
a) Soğutulmuş ağır kremayı ve pudra şekerini yumuşak zirveler oluşana kadar çırpın.
b) Dalgona kahvesini ekleyin ve sert tepecikler oluşuncaya kadar çırpmaya devam edin.

8. Ferrero Rocher Buzlanma

İÇİNDEKİLER:
- 1½ bardak ağır krema
- ¼ su bardağı pudra şekeri
- 1 çay kaşığı vanilya özü
- 12 Ferrero Rocher çikolatalar, doğranmış

TALİMATLAR:
a) Bir karıştırma kabında, ağır kremayı yumuşak tepeler oluşuncaya kadar çırpın.
b) Çırpılmış kremaya pudra şekeri ve vanilya özütünü ekleyin ve sert tepecikler oluşuncaya kadar çırpmaya devam edin.
c) Kıyılmış Ferrero Rocher çikolatalarını yavaşça katlayın.

9.Mangolu Buzlanma

İÇİNDEKİLER:

- 1 bardak olgun mango, soyulmuş ve doğranmış
- ½ bardak tuzsuz tereyağı, yumuşatılmış
- 4 su bardağı pudra şekeri
- 1 limon kabuğu rendesi
- 1 misket limonunun suyu

TALİMATLAR:

a) Doğranmış mangoyu bir blender veya mutfak robotunda pürüzsüz hale gelinceye kadar püre haline getirin.

b) Büyük bir karıştırma kabında yumuşatılmış tereyağını krema kıvamına gelinceye kadar çırpın.

c) Yavaş yavaş pudra şekeri ve limonu ekleyin kabuğu rendesi ve limon suyunu ekleyin ve hafif ve kabarık olana kadar çırpmaya devam edin.

ç) Mango püresini tereyağ karışımına ekleyin ve iyice birleşene kadar çırpın.

10.Doğum Günü Pastası Tarçınlı Sır

İÇİNDEKİLER:

- 4 su bardağı pudra şekeri
- ¼ fincan tuzsuz tereyağı, yumuşatılmış
- ¼ bardak süt
- 1 çay kaşığı vanilya özü
- 1 tutam tarçın
- gazlı

TALİMATLAR:

a) Bir karıştırma kabında pudra şekeri, tarçın ve yumuşatılmış şekeri birlikte çırpın. tereyağı, süt ve vanilya özütünü pürüzsüz ve kremsi bir kıvama gelinceye kadar çırpın.
b) Serpintileri karıştırın.

11.şekerleme kreması

İÇİNDEKİLER:

- 1½ su bardağı tuzsuz tereyağı, yumuşatılmış
- 4 su bardağı pudra şekeri
- ¼ bardak şekerleme sosu (mağazadan satın alınabilir veya ev yapımı olabilir)
- 1 çay kaşığı vanilya özü

TALİMATLAR:

a) Büyük bir karıştırma kabında yumuşatılmış tereyağını kremsi ve pürüzsüz hale gelinceye kadar çırpın.

b) bir bardak olacak şekilde pudra şekerini yavaş yavaş ekleyin.

c) Şekerleme sosunu ve vanilya özünü karıştırın ve krema hafif ve kabarık hale gelinceye kadar çırpmaya devam edin.

12.Karamelli Krema

İÇİNDEKİLER:

- 1½ su bardağı tuzsuz tereyağı, yumuşatılmış
- 4 su bardağı pudra şekeri
- ¼ bardak karamel sosu (mağazadan satın alınmış veya ev yapımı)
- 1 çay kaşığı vanilya özü

TALİMATLAR:

a) Büyük bir karıştırma kabında yumuşatılmış tereyağını kremsi ve pürüzsüz hale gelinceye kadar çırpın.
b) bir bardak olacak şekilde pudra şekerini yavaş yavaş ekleyin.
c) Karamel sosu ve vanilya özütünü karıştırın ve krema hafif ve kabarık hale gelinceye kadar çırpmaya devam edin.

13.Çikolatalı Krem Şanti

İÇİNDEKİLER:
- 2 bardak ağır krema, soğuk
- ½ su bardağı pudra şekeri
- ¼ bardak şekersiz kakao tozu
- 1 çay kaşığı vanilya özü

TALİMATLAR:
a) Soğutulmuş bir karıştırma kabında , toz haline getirilmiş ağır kremayı çırpın. şeker,kakao toz ve vanilya özütünü sert zirveler oluşana kadar çırpın.
b) Kremayı tereyağ haline getirebileceği için fazla çırpmamaya dikkat edin .

14.Prosecco Tereyağlı Krema

İÇİNDEKİLER:
- 1½ su bardağı tuzsuz tereyağı, yumuşatılmış
- 4 su bardağı pudra şekeri
- ¼ bardak Prosecco (köpüklü şarap)
- 1 çay kaşığı vanilya özü

TALİMATLAR:
a) Büyük bir karıştırma kabında yumuşatılmış tereyağını kremsi ve pürüzsüz hale gelinceye kadar çırpın.
b) bir bardak olacak şekilde pudra şekerini yavaş yavaş ekleyin.
c) Prosecco ve vanilya özütünü karıştırın ve krema hafif ve kabarık hale gelinceye kadar çırpmaya devam edin.

15. Kabarık Buzlanma

İÇİNDEKİLER:

- ¾ bardak Şeker
- ¼ fincan Mısır şurubu, hafif
- 2 yemek kaşığı Su
- 2 Yumurta beyazı
- ¼ çay kaşığı Tuz
- ¼ çay kaşığı tartar kreması
- 1 çay kaşığı Vanilya özü

TALİMATLAR:

a) şekeri , mısırın üstüne birleştirin şurup,su,yumurta beyazları, tuzu ve tartar kremasını . Hızla kaynayan suyun üzerinde , elektrikli mikser veya döner çırpıcıyla, karışım zirveye çıkana kadar karıştırarak pişirin. Ateşten alın.

b) Vanilyayı ekleyin ; buzlanma derin girdaplar oluşturana kadar çırpın.

16.Cadbury barları Buzlanma

İÇİNDEKİLER:

- 150 gr tuzsuz tereyağı, yumuşatılmış
- 300 gr pudra şekeri
- 1 çay kaşığı vanilya özü
- 2 yemek kaşığı süt
- 100 gr pürüzsüz fıstık ezmesi
- Mini Cadbury barları, doğranmış

TALİMATLAR:

a) tereyağını ve kremayı birlikte çırpın şeker,vanilya özütleyin ve pürüzsüz ve kremsi olana kadar süt ekleyin.
b) Pürüzsüz fıstık ezmesini çırpın.
c) Mini Cadbury barlarını ekleyin.

17.Antep fıstığı kreması

İÇİNDEKİLER:

- 115 gr tereyağı, oda sıcaklığında[8 yemek kaşığı(1 çubuk)]
- 40 gr şekerleme şekeri [¼ bardak]
- 230 gr fıstık ezmesi[¾ su bardağı]
- 2 gr koşer tuzu[½ çay kaşığı]

TALİMATLAR:

a) Tereyağı ve şekerleme şekerini , kürek aparatı ile donatılmış bir stand mikserinin kasesinde ve kremayı, kabarık ve açık sarı olana kadar orta-yüksek ateşte 2 ila 3 dakika boyunca birleştirin .

b) Fıstık ezmesini ve tuzu ekleyip düşük devirde yarım dakika kadar karıştırdıktan sonra devri orta-yüksek seviyeye çıkararak 2 dakika kadar çırpmasını sağlayın. Spatula ile kasenin kenarlarını kazıyın. Karışımın tamamı yoksa aynı soluk yeşil renkte, yüksek hızda bir dakika daha bekleyin ve tekrar kazıyın.

c) Kremayı hemen kullanın veya 1 haftaya kadar buzdolabında hava geçirmez bir kapta saklayın.

18.Kahve kreması

İÇİNDEKİLER:

- 115 gr tereyağı, oda sıcaklığında[8 yemek kaşığı(1 çubuk)]
- 40 gr şekerleme şekeri [¼ bardak]
- 55 gr süt[¼ su bardağı]
- 1,5 gr hazır kahve tozu[¾ çay kaşığı]
- 1 gr koşer tuzu[¼ çay kaşığı]

TALİMATLAR:

a) Tereyağı ve şekerleme şekerini, kürek aparatı ile donatılmış bir stand mikserinin kasesinde ve kremayı, kabarık ve açık sarı olana kadar orta-yüksek ateşte 2 ila 3 dakika boyunca birleştirin.

b) Bu arada, hızlı bir kahve sütü hazırlayın : sütü birlikte çırpın, hemen küçük bir kasede kahve ve tuz.

c) Kasenin kenarlarını bir spatula ile kazıyın. Düşük hızda yavaş yavaş kahve sütünü akıtın. Aslında sıvıyı yağa doğru zorluyorsunuz, bu yüzden sabırlı olun. Tereyağı karışımı kahve sütüyle temas ettiğinde topaklaşacak ve ayrılacaktır.

ç) eklenene kadar tereyağı karışımına daha fazla kahve sütü akıtmayın ; karıştırıcıyı açık tutun ve sabırlı olun.

d) , soluk kahverengi ve süper parlak bir kahve kreması olacaktır. Hemen kullanın.

19.Doğum günü pastası kreması

İÇİNDEKİLER:

- 115 gr tereyağı, oda sıcaklığında[8 yemek kaşığı(1 çubuk)]
- 50 gr sebze yağı[¼ bardak]
- 55 gr krem peynir[2 ons]
- 25 gr glikoz[1 yemek kaşığı]
- 18 gr mısır şurubu[1 yemek kaşığı]
- 12 gr berrak vanilya özütü[1 yemek kaşığı]
- 200 gr şekerleme şekeri [1¼ bardak]
- 2 gr koşer tuzu[½ çay kaşığı]
- 0,25 g kabartma tozu[tutam]
- 0,25 g sitrik asit[tutam]

TALİMATLAR:

a) Tereyağı, katı yağ ve krem peyniri, kürek aparatı takılı bir stand mikserinin kasesinde ve kremayı, karışım pürüzsüz ve kabarık hale gelinceye kadar orta-yüksek ateşte 2 ila 3 dakika boyunca birleştirin. Kasenin kenarlarını kazıyın.

b) Mikser en düşük hızdayken glikozu ve mısırı akıtın. şurup ve Vanilya. Mikseri orta-yüksek seviyeye yükseltin ve karışım ipeksi pürüzsüz ve parlak beyaz olana kadar 2 ila 3 dakika çırpın. Kasenin kenarlarını kazıyın.

c) Şekerlemecilerin şekerini, tuzunu, pişirme kabını ekleyin toz ve sitrik asit ekleyin ve bunları hamura dahil etmek için düşük hızda karıştırın.

ç) Hızı tekrar orta-yüksek seviyeye yükseltin ve parlak, berrak beyaz, güzel pürüzsüz bir krema elde edene kadar 2 ila 3 dakika çırpın.

d) marketteki plastik bir küvetten çıkmış gibi görünmeli ! Buzlanmayı hemen kullanın veya hava geçirmez bir kapta buzdolabında 1 haftaya kadar saklayın.

20.Graham kreması

İÇİNDEKİLER:

- ½ porsiyon Graham Crust
- 85 gr süt[⅓bardak]
- 2 gr koşer tuzu[½ çay kaşığı]
- 85 gr tereyağı, oda sıcaklığında[6 yemek kaşığı]
- 15 gr açık kahverengi şeker[1 yemek kaşığı sıkıca paketlenmiş]
- 10 gr şekerleme şekeri [1 yemek kaşığı]
- 0,5 gr öğütülmüş tarçın[½ çay kaşığı]
- 0,5 gr koşer tuzu[⅛çay kaşığı]

TALİMATLAR:

a) Graham kabuğunu , sütü ve tuzu bir karıştırıcıda birleştirin, hızı orta- yüksek seviyeye getirin ve pürüzsüz ve homojen hale gelinceye kadar püre haline getirin.

b) 1 ila 3 dakika sürecektir (blenderınızın büyüklüğüne bağlı olarak). Karışım blender bıçağınıza takılmıyorsa, blenderi kapatın , küçük bir çay kaşığı alın ve kazımayı unutmadan kutunun kenarlarını kazıyın. bıçağın altına , sonra tekrar deneyin.

c) Tereyağını , şekeri, tarçını ve tuzu, kürek aparatı takılı bir stand mikserinin kasesinde birleştirin ve kremayı , kabarık ve benekli sarı olana kadar 2 ila 3 dakika orta-yüksek ateşte birleştirin. bir spatula.

ç) Düşük hızda, blenderin içindekileri kürekle karıştırın. 1 dakika sonra, hızı orta-yüksek seviyeye yükseltin ve 2 dakika daha parçalamasına izin verin.

d) Kasenin kenarlarını bir spatula ile kazıyın . Eğer karışım düzgün bir açık ten rengi değilse , kaseyi bir kez daha kazıyın ve kremayı bir dakika daha yüksek hızda kürekle çırpın.

e) Kremayı hemen kullanın veya 1 haftaya kadar buzdolabında hava geçirmez bir kapta saklayın.

21.Naneli cheesecake kızartması

İÇİNDEKİLER:

- 60 gr beyaz çikolata[2 ons]
- 20 gr üzüm çekirdeği yağı[2 yemek kaşığı]
- 75 gr krem peynir[2½ ons]
- 20 gr şekerleme şekeri [2 yemek kaşığı]
- 2 gr nane özü[½ çay kaşığı]
- 1 gr koşer tuzu[¼ çay kaşığı]
- 2 damla yeşil gıda boyası

TALİMATLAR:

a) Beyaz çikolatayı ve yağı birleştirin ve karışımı 30 ila 50 saniye boyunca düşük ateşte eritin.

b) Krem peyniri ve şekerleme şekerini, kürek aparatı ile donatılmış bir stand mikserinin kasesinde birleştirin ve karıştırmak için 2 ila 3 dakika boyunca orta-düşük hızda karıştırın.

c) Düşük hızda, beyaz çikolata karışımını yavaşça akıtın. Krem peynirin içine tamamen karışıncaya kadar 1 ila 2 dakika karıştırın. Kasenin kenarlarını kazıyın.

ç) Nane ekstraktını, tuzu ve gıda boyasını ekleyin ve karışımı 1 ila 2 dakika veya pürüzsüz ve cin yeşili olana kadar kürek çekin.

22.Fındık kreması

İÇİNDEKİLER:

- 25 gr tereyağı, oda sıcaklığında[2 yemek kaşığı]
- 65 gr fındık ezmesi[¼ su bardağı]
- 20 gr şekerleme şekeri [2 yemek kaşığı]
- 0,5 gr koşer tuzu[⅛çay kaşığı]

TALİMATLAR:

a) Tereyağını, kürek aparatı takılı bir stand mikserinin kasesine koyun ve tamamen pürüzsüz hale gelinceye kadar orta-yüksek hızda çırpın. Kasenin kenarlarını bir spatula ile kazıyın. Bu az miktarda malzemedir, bu yüzden büyükannenizi kullanın Şimdi miksere koyun veya orta boy bir kasede elle bu görevi üstlenin.

b) Fındık ezmesini, şekerleme şekerini ve tuzu ekleyin ve krema kabarık hale gelinceye ve içinde topak kalmayıncaya kadar yüksek hızda 3 ila 4 dakika karıştırın. Kasenin kenarlarını kazıyın ve emin olmak için 15 saniye karıştırın. her şey güzel ve pürüzsüz.

c) Hemen kullanın veya hava geçirmez bir kapta buzdolabında 1 aya kadar saklayın. Kullanmadan önce oda sıcaklığına getirin.

23.Pasta kırıntısı buzlanma

İÇİNDEKİLER:

- ½ porsiyon Pasta Kırıntısı
- 110 gr süt[½ su bardağı]
- 2 gr koşer tuzu[½ çay kaşığı]
- 40 gr tereyağı, oda sıcaklığında[3 yemek kaşığı]
- 40 gr şekerleme şekeri [¼ bardak]

TALİMATLAR:

a) Turta kırıntılarını, sütü ve tuzu bir karıştırıcıda birleştirin, hızı orta-yüksek seviyeye getirin ve pürüzsüz ve homojen hale gelinceye kadar püre haline getirin. Bu işlem 1 ila 3 dakika sürecektir (blenderınızın gücüne bağlı olarak).

b) bıçağınıza bulaşmazsa, blenderi kapatın, küçük bir çay kaşığı alın ve bıçağın altını kazımayı unutmadan kutunun kenarlarını kazıyın ve tekrar deneyin.

c) Tereyağı ve şekerleme şekerini, kürek aparatı takılı bir stand mikserinin kasesinde ve kremayı, orta-yüksek ayarda, kabarık ve açık sarı olana kadar 2 ila 3 dakika boyunca birleştirin. Kasenin kenarlarını bir spatula ile kazıyın.

ç) Düşük hızda, blenderin içindekileri kürekle karıştırın. 1 dakika sonra, hızı orta-yüksek seviyeye yükseltin ve 2 dakika daha parçalamasına izin verin.

d) Kasenin kenarlarını kazıyın. Karışım homojen değilse çok soluk, neredeyse ten rengi, kaseyi bir kez daha kazıyın ve bir dakika daha yüksek hızda kürek çekin.

e) Kremayı hemen kullanın veya 1 haftaya kadar buzdolabında hava geçirmez bir kapta saklayın.

24. Kabak Çekirdeği Sırlaması

İÇİNDEKİLER:
- ½ bardak avuç içi kısaltması, oda sıcaklığında
- 2 yemek kaşığı bal
- ½ çay kaşığı vanilya özü
- Eritilmiş çikolata ve kabak çekirdeği

TALİMATLAR:
a) Katı yağı , balı ve vanilyayı pürüzsüz olana kadar çırpın .
b) Eritilmiş çikolata ve kabak çekirdeğini ekleyip karıştırın.

25.Elmalı Kabartma Buzlanma

İÇİNDEKİLER:
- 1 su bardağı şekersiz elma püresi
- 1 paket (3,4 ons) hazır vanilyalı puding karışımı
- 1 bardak ağır krema
- ¼ su bardağı pudra şekeri
- 1 çay kaşığı vanilya özü

TALİMATLAR:

a) Bir karıştırma kabında elma püresini ve hazır vanilyalı puding karışımını birleştirin. Puding karışımı eriyene kadar iyice karıştırın.

b) Ayrı bir kapta, ağır kremayı yumuşak tepeler oluşuncaya kadar çırpın.

c) Yavaş yavaş pudra şekeri ve vanilya özütünü çırpılmış kremaya ekleyin. Sert tepecikler oluşuncaya kadar çırpmaya devam edin.

ç) Çırpılmış krema karışımını iyice birleşene kadar yavaşça elma püresi karışımına katlayın.

d) kekleri dondurmak için elmalı kremayı kullanın. Artanları buzdolabında saklayın.

26.Limonlu Tereyağlı Krema

İÇİNDEKİLER:

- 1 su bardağı tuzsuz tereyağı, yumuşatılmış
- 4 su bardağı pudra şekeri
- 2 yemek kaşığı taze sıkılmış limon suyu
- 1 yemek kaşığı limon kabuğu rendesi
- 1 çay kaşığı vanilya özü

TALİMATLAR:

a) Bir karıştırma kabında yumuşatılmış tereyağını pürüzsüz hale gelinceye kadar krema haline getirin.

b) yaklaşık 1 su bardağı olacak şekilde pudra şekerini yavaş yavaş ekleyin ve her eklemeden sonra iyice karıştırın.

c) Limon suyunu, limonu ekleyin kabuğu rendesi ve vanilya ekstraktını tereyağı karışımına ekleyin. Pürüzsüz ve kremsi olana kadar karıştırın.

ç) Daha sert bir krema için daha fazla pudra şekeri veya daha ince bir krema için daha fazla limon suyu ekleyerek kıvamı ayarlayın.

d) Limonlu tereyağını soğutulmuş keklerin veya keklerin üzerine sürün veya sıkın.

27.Penuche Buzlanma

İÇİNDEKİLER:

- ½ su bardağı tuzsuz tereyağı
- 1 su bardağı paketlenmiş açık kahverengi şeker
- ¼ bardak süt
- 2 su bardağı pudra şekeri
- 1 çay kaşığı vanilya özü

TALİMATLAR:

a) Bir tencerede orta ateşte tereyağını eritin. Esmer şekeri ve sütü ekleyip karıştırın.
b) Karışımı karıştırarak kaynatın sürekli. 2 dakika kaynatın.
c) Tencereyi ocaktan alın ve yaklaşık 10 dakika soğumaya bırakın.
ç) Pürüzsüz ve kremsi hale gelinceye kadar yavaş yavaş pudra şekeri ve vanilya özütünü çırpın.
d) Penuche kremasını soğutulmuş keklerin veya keklerin üzerine yayın. Krema soğudukça katılaşacaktır.

28.Çırpılmış Mocha Şekerlemesi

İÇİNDEKİLER:

- 1 bardak ağır krema
- 2 yemek kaşığı pudra şekeri
- 1 yemek kaşığı hazır kahve granülü
- 1 çay kaşığı vanilya özü
- Çikolata rendesi veya kakao tozu (isteğe bağlı, garnitür için)

TALİMATLAR:

a) Bir karıştırma kabında ağır kremayı , toz haline getirin şeker, hazır kahve granülleri ve vanilya özü.

b) Elektrikli bir karıştırıcı kullanarak karışımı orta-yüksek hızda yumuşak tepe noktaları oluşana kadar çırpın .

c) Sert tepeler oluşana ve krema kabarık hale gelinceye kadar çırpmaya devam edin.

ç) Çırpılmış mocha kremasını soğutulmuş keklerin veya keklerin üzerine sıkın veya yayın.

d) İsteğe bağlı : Çikolata talaşı veya kakao tozu tozuyla süsleyin.

29.şekerleme buzlanma

İÇİNDEKİLER:
- ½ su bardağı tuzsuz tereyağı
- ¼ fincan şekersiz kakao tozu
- ¼ bardak süt
- 3 su bardağı pudra şekeri
- 1 çay kaşığı vanilya özü

TALİMATLAR:
a) Bir tencerede orta ateşte tereyağını eritin. Kakao tozunu ve sütü ekleyip karıştırın.
b) Karışımı karıştırarak kaynatın sürekli. 1 dakika kaynatın.
c) Tencereyi ocaktan alın ve birkaç dakika soğumasını bekleyin.
ç) Pürüzsüz ve kremsi hale gelinceye kadar yavaş yavaş pudra şekeri ve vanilya özütünü çırpın.
d) Şekerleme kremasını soğumuş keklerin veya keklerin üzerine yayın. Krema soğudukça katılaşacaktır.

30.Siyah Kek Sırlaması

İÇİNDEKİLER:

- 1 su bardağı tuzsuz tereyağı, yumuşatılmış
- 4 su bardağı pudra şekeri
- ¼ bardak şekersiz kakao tozu
- ¼ bardak ağır krema
- 1 çay kaşığı vanilya özü

TALİMATLAR:

a) Bir karıştırma kabında yumuşatılmış tereyağını pürüzsüz hale gelinceye kadar krema haline getirin.

b) Her eklemeden sonra iyice karıştırarak pudra şekeri ve kakao tozunu yavaş yavaş ekleyin.

c) Ağır kremayı ve vanilya özünü ekleyin. Karışımı pürüzsüz ve kremsi bir kıvama gelinceye kadar çırpın.

ç) Siyah kek kremasını soğutulmuş keklerin veya keklerin üzerine yayın veya sıkın.

31.Hindistan Cevizli Krem Peynirli Krema

İÇİNDEKİLER:

- 8 oz krem peynir, yumuşatılmış
- ½ bardak tuzsuz tereyağı, yumuşatılmış
- 4 su bardağı pudra şekeri
- 1 çay kaşığı hindistan cevizi özü
- 1 su bardağı hindistan cevizi (isteğe göre süslemek için)

TALİMATLAR:

a) Bir karıştırma kabında yumuşatılmış krem peyniri ve tereyağını iyice birleşip kremsi hale gelinceye kadar çırpın .

b) bir bardak olacak şekilde pudra şekerini yavaş yavaş ekleyin ve pürüzsüz hale gelinceye kadar çırpmaya devam edin.

c) Hindistan cevizi ekstraktını ekleyin ve tamamen karışana kadar karıştırın.

ç) Hindistan cevizi kremalı peynirli kremayı soğutulmuş keklerin veya keklerin üzerine yayın.

d) İsteğe bağlı : Daha fazla doku ve lezzet için kıyılmış hindistan ceviziyle süsleyin.

32.Marmelat Krem Peynir Sırlaması

İÇİNDEKİLER:

- 8 oz krem peynir, yumuşatılmış
- ½ bardak tuzsuz tereyağı, yumuşatılmış
- 4 su bardağı pudra şekeri
- ¼ bardak portakal marmelatı
- 1 çay kaşığı vanilya özü
- Portakal kabuğu rendesi (isteğe bağlı, garnitür için)

TALİMATLAR:

a) Bir karıştırma kabında yumuşatılmış krem peyniri ve tereyağını pürüzsüz ve kabarık olana kadar çırpın .

b) bir bardak olacak şekilde pudra şekerini yavaş yavaş ekleyin ve iyice karışana kadar çırpmaya devam edin.

c) Portakal marmelatını ve vanilya özünü ekleyip tamamen karışana kadar karıştırın .

ç) Marmelatlı krem peynirli kremayı soğutulmuş keklerin veya keklerin üzerine yayın veya sıkın.

d) İsteğe bağlı : Canlı bir narenciye dokunuşu için portakal kabuğu rendesi ile süsleyin.

33.Çikolatalı Kiraz Şekeri

İÇİNDEKİLER:

- 1 su bardağı tuzsuz tereyağı, yumuşatılmış
- 4 su bardağı pudra şekeri
- ¼ fincan şekersiz kakao tozu
- ¼ bardak maraschino vişne suyu
- 1 çay kaşığı vanilya özü
- Maraschino kirazı (isteğe bağlı, garnitür için)

TALİMATLAR:

a) Bir karıştırma kabında yumuşatılmış tereyağını pürüzsüz hale gelinceye kadar krema haline getirin .

b) Her eklemeden sonra iyice karıştırarak pudra şekeri ve kakao tozunu yavaş yavaş ekleyin.

c) Maraschino vişne suyunu ve vanilya özünü ekleyin . Pürüzsüz ve kremsi bir kıvama gelinceye kadar çırpın.

ç) Çikolatalı vişneli kremayı soğutulmuş keklerin veya keklerin üzerine yayın veya sıkın.

d) İsteğe bağlı : Ekstra bir kiraz aroması ve dekorasyon dokunuşu için kiraz likörü kirazlarıyla süsleyin.

34. Kraliyet Buzlanma

İÇİNDEKİLER:

- 3 büyük yumurta akı
- 4 su bardağı pudra şekeri
- 1 çay kaşığı limon suyu
- Gıda boyası (isteğe bağlı)

TALİMATLAR:

a) Bir karıştırma kabında yumurta aklarını ve limon suyunu birleştirin. Elektrikli mikserle köpürene kadar çırpın.

b) bir bardak olacak şekilde pudra şekerini yavaş yavaş ekleyin ve krema kalın ve parlak hale gelinceye kadar çırpmaya devam edin.

c) İstenirse gıda boyası ekleyin ve eşit renk elde edilinceye kadar karıştırın.

ç) kekleri dondurmak için kraliyet kremasını kullanın. Servis yapmadan önce kremanın kurumasını ve sertleşmesini bekleyin.

35.Karamela Şekerlemesi

İÇİNDEKİLER:

- 1 su bardağı tuzsuz tereyağı, yumuşatılmış
- 1 su bardağı paketlenmiş açık kahverengi şeker
- 4 su bardağı pudra şekeri
- ¼ bardak süt
- 1 çay kaşığı vanilya özü

TALİMATLAR:

a) Bir karıştırma kabında yumuşatılmış tereyağını ve esmer şekeri pürüzsüz hale gelinceye kadar krema haline getirin.

b) bir bardak olacak şekilde pudra şekerini yavaş yavaş ekleyin ve iyice karışana kadar çırpmaya devam edin.

c) Sütü ve vanilya özünü ekleyin. Pürüzsüz ve kremsi bir kıvama gelinceye kadar çırpın.

ç) Tereyağlı kremayı soğutulmuş keklerin veya keklerin üzerine yayın veya pipetleyin.

36.Akçaağaç Tereyağlı Krema Sırlaması

İÇİNDEKİLER:

- 1 su bardağı tuzsuz tereyağı, yumuşatılmış
- 4 su bardağı pudra şekeri
- ¼ bardak saf akçaağaç şurubu
- 1 çay kaşığı vanilya özü

TALİMATLAR:

a) Bir karıştırma kabında yumuşatılmış tereyağını pürüzsüz hale gelinceye kadar krema haline getirin.

b) bir bardak olacak şekilde pudra şekerini yavaş yavaş ekleyin ve iyice karışana kadar çırpmaya devam edin.

c) Akçaağaç şurubunu ve vanilya özünü dökün. Pürüzsüz ve kremsi bir kıvama gelinceye kadar çırpın.

ç) Akçaağaç tereyağlı kremasını soğutulmuş keklerin veya keklerin üzerine yayın veya sıkın.

37.Erik Tereyağı Sırlaması

İÇİNDEKİLER:

- 1 su bardağı tuzsuz tereyağı, yumuşatılmış
- 4 su bardağı pudra şekeri
- ¼ bardak kuru erik yağı (kuru erik püresi)
- 1 çay kaşığı vanilya özü

TALİMATLAR:

a) Bir karıştırma kabında yumuşatılmış tereyağını pürüzsüz hale gelinceye kadar krema haline getirin .

b) bir bardak olacak şekilde pudra şekerini yavaş yavaş ekleyin ve iyice karışana kadar çırpmaya devam edin.

c) Kuru erik tereyağını (kuru erik püresi) ve vanilya özünü ilave edin . Tamamen karışana kadar karıştırın .

ç) Kuru erik tereyağını soğutulmuş keklerin veya keklerin üzerine sürün veya sıkın.

38.Portakallı Krem Peynirli Krema

İÇİNDEKİLER:
- 8 oz krem peynir, yumuşatılmış
- ½ bardak tuzsuz tereyağı, yumuşatılmış
- 4 su bardağı pudra şekeri
- 2 yemek kaşığı taze sıkılmış portakal suyu
- 1 yemek kaşığı portakal kabuğu rendesi
- 1 çay kaşığı vanilya özü

TALİMATLAR:
a) Bir karıştırma kabında yumuşatılmış krem peyniri ve tereyağını pürüzsüz ve kabarık olana kadar çırpın.
b) bir bardak olacak şekilde pudra şekerini yavaş yavaş ekleyin ve iyice karışana kadar çırpmaya devam edin.
c) Portakal suyunu, portakalı karıştırın kabuğu rendesi ve vanilya özü. Tamamen karışana kadar karıştırın.
ç) Portakallı krem peynirli kremayı soğutulmuş keklerin veya keklerin üzerine yayın veya sıkın.

39.Baharatlı Cevizli Kek Sırları

İÇİNDEKİLER:

- 1 su bardağı tuzsuz tereyağı, yumuşatılmış
- 4 su bardağı pudra şekeri
- ¼ bardak tam yağlı süt
- 1 çay kaşığı vanilya özü
- ½ çay kaşığı öğütülmüş tarçın
- ¼ çay kaşığı öğütülmüş hindistan cevizi
- ¼ çay kaşığı öğütülmüş karanfil
- 1 su bardağı kıyılmış ceviz, kızartılmış (isteğe bağlı, garnitür için)

TALİMATLAR:

a) Bir karıştırma kabında yumuşatılmış tereyağını pürüzsüz hale gelinceye kadar krema haline getirin.

b) bir bardak olacak şekilde pudra şekerini yavaş yavaş ekleyin ve iyice karışana kadar çırpmaya devam edin.

c) Sütü ve vanilya özünü ekleyin. Pürüzsüz ve kremsi bir kıvama gelinceye kadar çırpın.

ç) Öğütülmüş tarçını, hindistan cevizini ve karanfili kremaya ekleyin. Tamamen karışana kadar karıştırın.

d) Baharatlı cevizli kek kremasını soğutulmuş keklerin veya keklerin üzerine yayın veya sıkın.

e) İsteğe bağlı : Daha fazla doku ve lezzet için kızartılmış doğranmış cevizlerle süsleyin.

40.Waldorf Kırmızı Kadife Buzlanma

İÇİNDEKİLER:

- 1 ½ bardak tuzsuz tereyağı, yumuşatılmış
- 6 su bardağı pudra şekeri
- ¼ bardak tam yağlı süt
- 1 çay kaşığı vanilya özü
- kırmızı gıda boyası

TALİMATLAR:

a) Bir karıştırma kabında yumuşatılmış tereyağını pürüzsüz hale gelinceye kadar krema haline getirin .

b) bir bardak olacak şekilde pudra şekerini yavaş yavaş ekleyin ve iyice karışana kadar çırpmaya devam edin.

c) Sütü ve vanilya özünü ekleyin. Pürüzsüz ve kremsi bir kıvama gelinceye kadar çırpın.

ç) elde edilene kadar kırmızı gıda boyasını bir seferde birkaç damla ekleyin .

d) Waldorf kırmızı kadife kremasını soğutulmuş keklerin veya keklerin üzerine yayın veya sıkın.

41. Ahududu Soslu Krem Şanti

İÇİNDEKİLER:
- 2 bardak ağır krema
- ¼ su bardağı pudra şekeri
- 1 çay kaşığı vanilya özü
- Taze ahududu (süslemek için)

AHUDUDU SOSU
- 1 su bardağı taze ahududu
- 2 yemek kaşığı toz şeker
- 1 çay kaşığı limon suyu

TALİMATLAR:

a) Bir karıştırma kabında, toz haline getirilmiş ağır kremayı çırpın yumuşak zirveler oluşana kadar şeker ve vanilya özü.

b) Ahududu sosunu, toz haline getirilmiş taze ahududuları blendırdan geçirerek hazırlayın. şekeri ve limon suyunu bir blender veya mutfak robotunda pürüzsüz hale gelinceye kadar çekin. Tohumları çıkarmak için süzün.

c) Ahududu sosunun yarısını iyice birleşene kadar çırpılmış kremalı kremaya yavaşça katlayın.

ç) Çırpılmış kremayı soğutulmuş keklerin veya keklerin üzerine yayın veya sıkın.

d) Kalan ahududu sosunu buzlu keklerin veya keklerin üzerine gezdirin.

e) Zarlf bir dokunuş için taze ahududularla süsleyin.

42.Espresso Krem Peynir Sırları

İÇİNDEKİLER:

- 8 oz krem peynir, yumuşatılmış
- ½ bardak tuzsuz tereyağı, yumuşatılmış
- 4 su bardağı pudra şekeri
- 1 yemek kaşığı hazır espresso tozu
- 1 çay kaşığı vanilya özü

TALİMATLAR:

a) Bir karıştırma kabında yumuşatılmış krem peyniri ve tereyağını pürüzsüz ve kabarık olana kadar çırpın.

b) bir bardak olacak şekilde pudra şekerini yavaş yavaş ekleyin ve iyice karışana kadar çırpmaya devam edin.

c) Hazır espresso tozunu bir çay kaşığı sıcak suda eritin ve ardından krema karışımına ekleyin.

ç) Vanilya ekstraktını ekleyin ve tamamen karışana kadar karıştırın.

d) Espresso krem peynirli kremayı soğutulmuş keklerin veya keklerin üzerine yayın veya sıkın.

43.Limonlu Haşhaş Tohumu Sırlaması

İÇİNDEKİLER:
- 1 su bardağı tuzsuz tereyağı, yumuşatılmış
- 4 su bardağı pudra şekeri
- 2 yemek kaşığı taze sıkılmış limon suyu
- 2 çay kaşığı limon kabuğu rendesi
- 1 yemek kaşığı haşhaş tohumu

TALİMATLAR:

a) Bir karıştırma kabında yumuşatılmış tereyağını pürüzsüz hale gelinceye kadar krema haline getirin.

b) bir bardak olacak şekilde pudra şekerini yavaş yavaş ekleyin ve iyice karışana kadar çırpmaya devam edin.

c) suyunu, limonu karıştırın kabuğu rendesi ve haşhaş tohumu. Tamamen karışana kadar karıştırın.

ç) Limonlu haşhaş tohumlu kremayı soğutulmuş keklerin veya keklerin üzerine yayın veya sıkın.

44. Karamelli Kremalı Buzlanma

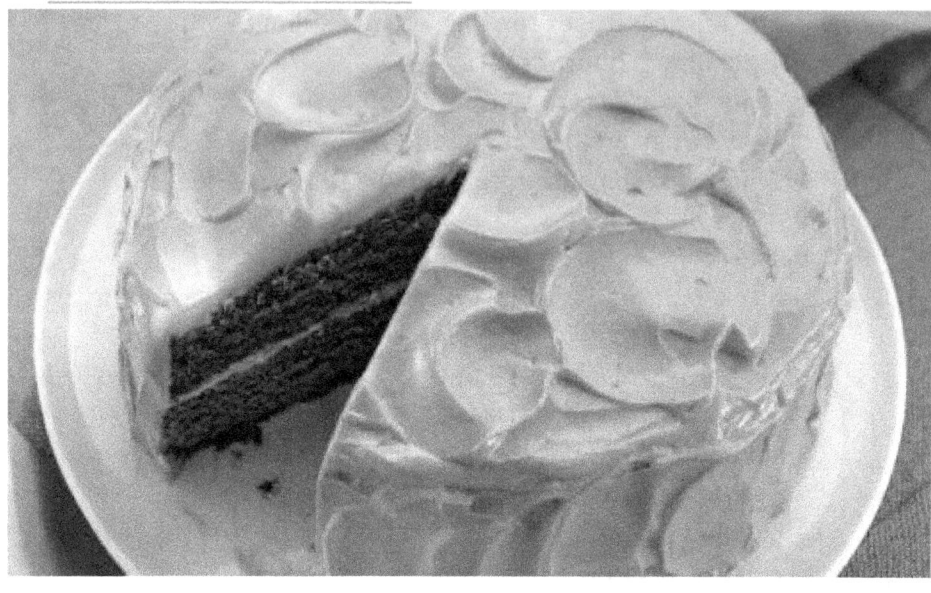

İÇİNDEKİLER:
- 1 su bardağı tuzsuz tereyağı, yumuşatılmış
- 4 su bardağı pudra şekeri
- ¼ bardak karamel sosu
- 1 çay kaşığı vanilya özü
- Bir tutam tuz

TALİMATLAR:

a) Bir karıştırma kabında yumuşatılmış tereyağını pürüzsüz hale gelinceye kadar krema haline getirin.

b) bir bardak olacak şekilde pudra şekerini yavaş yavaş ekleyin ve iyice karışana kadar çırpmaya devam edin.

c) sosu, vanilyayı karıştırın ekstrakt ve bir tutam tuz. Tamamen karışana kadar karıştırın.

ç) Karamelli kremayı soğutulmuş keklerin veya keklerin üzerine yayın veya sıkın.

45.Nane Çikolatalı Krema

İÇİNDEKİLER:

- 1 su bardağı tuzsuz tereyağı, yumuşatılmış
- 4 su bardağı pudra şekeri
- ¼ bardak süt
- 1 çay kaşığı nane özü
- Yeşil gıda boyası (isteğe bağlı)
- ½ su bardağı mini çikolata parçaları

TALİMATLAR:

a) Bir karıştırma kabında yumuşatılmış tereyağını pürüzsüz hale gelinceye kadar krema haline getirin.

b) bir bardak olacak şekilde pudra şekerini yavaş yavaş ekleyin ve iyice karışana kadar çırpmaya devam edin.

c) Sütü ve nane özünü ekleyin. Pürüzsüz ve kremsi bir kıvama gelinceye kadar çırpın.

ç) İstenirse, istenilen yeşil tonu elde edilene kadar birkaç damla yeşil gıda boyası ekleyin.

d) Mini çikolata parçacıklarını eşit şekilde dağıtılıncaya kadar karıştırın.

e) Nane çikolatalı kremayı soğutulmuş keklerin veya keklerin üzerine yayın veya sıkın.

46.Ballı Krema Sırlaması

İÇİNDEKİLER:

- 1 su bardağı tuzsuz tereyağı, yumuşatılmış
- 4 su bardağı pudra şekeri
- ¼ bardak bal
- 1 çay kaşığı vanilya özü

TALİMATLAR:

a) Bir karıştırma kabında yumuşatılmış tereyağını pürüzsüz hale gelinceye kadar krema haline getirin .

b) bir bardak olacak şekilde pudra şekerini yavaş yavaş ekleyin ve iyice karışana kadar çırpmaya devam edin.

c) Bal ve vanilya özünü ilave edin. Tamamen karışana kadar karıştırın.

ç) Ballı kremayı soğutulmuş keklerin veya keklerin üzerine yayın veya sıkın.

47.Ahududu Buttercream Sırlanma

İÇİNDEKİLER:

- 1 su bardağı tuzsuz tereyağı, yumuşatılmış
- 4 su bardağı pudra şekeri
- ¼ bardak çekirdeksiz ahududu reçeli
- 1 çay kaşığı vanilya özü
- Taze ahududu (isteğe göre süslemek için)

TALİMATLAR:

a) Bir karıştırma kabında yumuşatılmış tereyağını pürüzsüz hale gelinceye kadar krema haline getirin.

b) bir bardak olacak şekilde pudra şekerini yavaş yavaş ekleyin ve iyice karışana kadar çırpmaya devam edin.

c) Ahududu reçeli ve vanilya özünü ilave edin. Tamamen karışana kadar karıştırın.

ç) Ahududulu tereyağlı kremayı soğutulmuş keklerin veya keklerin üzerine yayın veya sıkın.

d) İsteğe bağlı : Dekorasyon için taze ahududu ile süsleyin.

48. Fıstıklı Krem Peynir Sırlaması

İÇİNDEKİLER:

- 8 oz krem peynir, yumuşatılmış
- ½ bardak tuzsuz tereyağı, yumuşatılmış
- 4 su bardağı pudra şekeri
- ¼ su bardağı ince kıyılmış antep fıstığı
- 1 çay kaşığı vanilya özü

TALİMATLAR:

a) Bir karıştırma kabında yumuşatılmış krem peyniri ve tereyağını pürüzsüz ve kabarık olana kadar çırpın.

b) bir bardak olacak şekilde pudra şekerini yavaş yavaş ekleyin ve iyice karışana kadar çırpmaya devam edin.

c) Kıyılmış antep fıstığını ve vanilya özünü ekleyin. Tamamen karışana kadar karıştırın.

ç) Fıstıklı krem peynirli kremayı soğutulmuş keklerin veya keklerin üzerine yayın veya sıkın.

49.Esmer Şekerli Krema

İÇİNDEKİLER:
- ½ su bardağı tuzsuz tereyağı
- 1 su bardağı paketlenmiş açık kahverengi şeker
- ¼ bardak süt
- 2 su bardağı pudra şekeri
- 1 çay kaşığı vanilya özü

TALİMATLAR:

a) Bir tencerede orta ateşte tereyağını eritin. Esmer şekeri ve sütü ekleyip karıştırın.
b) Karışımı karıştırarak kaynatın sürekli. 2 dakika kaynatın.
c) Tencereyi ocaktan alın ve yaklaşık 10 dakika soğumaya bırakın.
ç) Pürüzsüz ve kremsi hale gelinceye kadar yavaş yavaş pudra şekeri ve vanilya özütünü çırpın.
d) Esmer şekerli kremayı soğumuş keklerin veya keklerin üzerine yayın. Krema soğudukça katılaşacaktır.

50.Coca-Cola Buzlanma

İÇİNDEKİLER:

- ½ su bardağı tuzsuz tereyağı
- ¼ bardak Coca-Cola
- 3 yemek kaşığı şekersiz kakao tozu
- 4 su bardağı pudra şekeri
- 1 çay kaşığı vanilya özü

TALİMATLAR:

a) Bir tencerede orta ateşte tereyağını eritin. Coca-Cola ve kakao tozunu ekleyip karıştırın.
b) Karışımı karıştırarak kaynatın sürekli. 1 dakika kaynatın.
c) Tencereyi ocaktan alın ve birkaç dakika soğumasını bekleyin.
ç) Pürüzsüz ve kremsi hale gelinceye kadar yavaş yavaş pudra şekeri ve vanilya özütünü çırpın.
d) Coca-Cola kremasını soğutulmuş keklerin veya keklerin üzerine yayın.

51.Guava Sırlaması

İÇİNDEKİLER:

- ½ bardak tuzsuz tereyağı, yumuşatılmış
- 4 su bardağı pudra şekeri
- ¼ fincan guava ezmesi, eritilmiş ve soğutulmuş
- 1 çay kaşığı vanilya özü

TALİMATLAR:

a) Bir karıştırma kabında yumuşatılmış tereyağını pürüzsüz hale gelinceye kadar krema haline getirin.

b) bir bardak olacak şekilde pudra şekerini yavaş yavaş ekleyin ve iyice karışana kadar çırpmaya devam edin.

c) Eritilmiş ve soğutulmuş guava ezmesini ve vanilya özünü ilave edin. Tamamen karışana kadar karıştırın.

ç) Guava kremasını soğutulmuş keklerin veya keklerin üzerine yayın veya sıkın.

52.Deniz Köpüğü Buzlanma

İÇİNDEKİLER:
- 2 büyük yumurta akı
- 1 ½ su bardağı toz şeker
- 1/3 su bardağı su
- ¼ çay kaşığı tartar kreması
- 1 çay kaşığı vanilya özü

TALİMATLAR:
a) Isıya dayanıklı bir kapta yumurta aklarını, şekeri, suyu ve tartar kremasını birleştirin.
b) Kaseyi kaynayan su dolu bir tencerenin üzerine yerleştirin, kasenin tabanının suya değmemesine dikkat edin.
c) Elektrikli bir karıştırıcıyla karışımı orta hızda yaklaşık 7-8 dakika veya sert tepeler oluşuncaya kadar çırpın.
ç) Kaseyi ocaktan alın ve 1-2 dakika daha çırpmaya devam edin.
d) Vanilya ekstraktını iyice birleşene kadar karıştırın.
e) kekleri dondurmak için deniz köpüğü kremasını kullanın. Hafif ve yumuşak bir dokuya sahip olacaktır.

53.Pembe Puf Buzlanma

İÇİNDEKİLER:
- 1 su bardağı toz şeker
- ¼ bardak su
- 2 büyük yumurta akı
- ¼ çay kaşığı tartar kreması
- 1 çay kaşığı vanilya özü
- Pembe gıda boyası (isteğe bağlı)

TALİMATLAR:
a) Bir tencerede şekeri ve suyu birleştirin. Orta ateşte, şeker eriyene kadar karıştırarak ısıtın.
b) Bir karıştırma kabında yumurta aklarını ve tartar kremasını yumuşak zirveler oluşana kadar çırpın.
c) Orta-yüksek hızda çırpmaya devam ederken, sıcak şeker şurubunu yavaş yavaş yumurta aklarına dökün.
ç) Yaklaşık 5-7 dakika veya sert tepe noktaları oluşana ve krema parlak hale gelinceye kadar çırpın.
d) Vanilya ekstraktını karıştırın. İstenirse, birkaç damla pembe gıda boyası ekleyin ve eşit renk elde edilinceye kadar karıştırın.
e) kekleri dondurmak için pembe puf kremasını kullanın. Hafif ve havadar bir dokuya sahip olacaktır.

54. Kavrulmuş Fıstık Ezmesi Sırlaması

İÇİNDEKİLER:

- ½ bardak tuzsuz tereyağı, yumuşatılmış
- 1 su bardağı kremalı fıstık ezmesi
- 2 su bardağı pudra şekeri
- ¼ bardak süt
- 1 çay kaşığı vanilya özü

TALİMATLAR:

a) Bir karıştırma kabında yumuşatılmış tereyağını ve fıstık ezmesini pürüzsüz hale gelinceye kadar krema haline getirin.

b) bir bardak olacak şekilde pudra şekerini yavaş yavaş ekleyin ve iyice karışana kadar çırpmaya devam edin.

c) Sütü ve vanilya özünü ekleyin. Pürüzsüz ve kremsi bir kıvama gelinceye kadar çırpın.

ç) Broileri fırında önceden ısıtın.

d) Fıstık ezmeli kremayı soğumuş keklerin veya keklerin üzerine sürün.

e) Dondurulmuş kekleri veya kekleri bir fırın tepsisine yerleştirin ve ızgaranın altına 1-2 dakika veya buzlanma hafifçe kahverengileşene kadar yerleştirin.

f) Fırından çıkarın ve servis yapmadan önce soğumasını bekleyin.

55.Macar Buzlanma

İÇİNDEKİLER:

- 1 su bardağı tuzsuz tereyağı, yumuşatılmış
- 4 su bardağı pudra şekeri
- ¼ bardak kakao tozu
- ¼ fincan sert demlenmiş kahve, soğutulmuş
- 1 çay kaşığı vanilya özü
- Bir tutam tuz

TALİMATLAR:

a) Bir karıştırma kabında yumuşatılmış tereyağını pürüzsüz hale gelinceye kadar krema haline getirin.

b) Her eklemeden sonra iyice karıştırarak pudra şekeri ve kakao tozunu yavaş yavaş ekleyin.

c) Soğutulmuş kahveyi ve vanilya özünü ekleyin. Lezzet vermesi için bir tutam tuz ekleyin.

ç) Karışımı pürüzsüz ve kremsi olana kadar çırpın.

d) Macar kremasını soğutulmuş keklerin veya keklerin üzerine yayın veya sıkın.

56.Maraschino Buzlanma

İÇİNDEKİLER:

- ½ bardak tuzsuz tereyağı, yumuşatılmış
- 4 su bardağı pudra şekeri
- ¼ bardak maraschino vişne suyu
- 1 çay kaşığı badem özü
- Maraschino kirazı (isteğe bağlı, garnitür için)

TALİMATLAR:

a) Bir karıştırma kabında yumuşatılmış tereyağını pürüzsüz hale gelinceye kadar krema haline getirin.

b) bir bardak olacak şekilde pudra şekerini yavaş yavaş ekleyin ve iyice karışana kadar çırpmaya devam edin.

c) Maraschino vişne suyunu ve badem özünü ilave edin. Tamamen karışana kadar karıştırın.

ç) Maraschino kremasını soğutulmuş keklerin veya keklerin üzerine yayın veya sıkın.

d) İsteğe bağlı : Dekorasyon için maraschino kirazlarıyla süsleyin.

57.Tereyağlı Cevizli Krema

İÇİNDEKİLER:

- ½ bardak tuzsuz tereyağı, yumuşatılmış
- ½ bardak kıyılmış ceviz, kızartılmış
- 4 su bardağı pudra şekeri
- ¼ bardak süt
- 1 çay kaşığı vanilya özü

TALİMATLAR:

a) bir tavada orta ateşte kokusu çıkana kadar kavurun . Bir kenara soğumaya bırakın.
b) Bir karıştırma kabında yumuşatılmış tereyağını pürüzsüz hale gelinceye kadar krema haline getirin .
c) bir bardak olacak şekilde pudra şekerini yavaş yavaş ekleyin ve iyice karışana kadar çırpmaya devam edin.
ç) Sütü ve vanilya özünü ekleyin. Pürüzsüz ve kremsi bir kıvama gelinceye kadar çırpın.
d) Kavrulmuş cevizleri eşit şekilde dağıtılıncaya kadar karıştırın.
e) Tereyağlı cevizli kremayı soğutulmuş keklerin veya keklerin üzerine yayın veya sıkın.

58.Buzlu Reçel Kek Krema

İÇİNDEKİLER:
- ½ bardak tuzsuz tereyağı, yumuşatılmış
- 4 su bardağı pudra şekeri
- ¼ bardak tam yağlı süt
- ¼ bardak ahududu veya çilek reçeli
- 1 çay kaşığı vanilya özü

TALİMATLAR:

a) Bir karıştırma kabında yumuşatılmış tereyağını pürüzsüz hale gelinceye kadar krema haline getirin.

b) bir bardak olacak şekilde pudra şekerini yavaş yavaş ekleyin ve iyice karışana kadar çırpmaya devam edin.

c) Sütü ve vanilya özünü ekleyin. Pürüzsüz ve kremsi bir kıvama gelinceye kadar çırpın.

ç) Reçeli ekleyin ve tamamen karışana kadar karıştırın.

d) Soğutulmuş keklerin veya keklerin üzerine buzlu reçelli kek kremasını yayın veya sıkın.

59.İpeksi Kakaolu Şekerleme

İÇİNDEKİLER:

- 1 su bardağı tuzsuz tereyağı, yumuşatılmış
- 2 su bardağı pudra şekeri
- ¼ bardak şekersiz kakao tozu
- ¼ bardak ağır krema
- 1 çay kaşığı vanilya özü

TALİMATLAR:

a) Bir karıştırma kabında yumuşatılmış tereyağını pürüzsüz hale gelinceye kadar krema haline getirin.

b) Her eklemeden sonra iyice karıştırarak pudra şekeri ve kakao tozunu yavaş yavaş ekleyin.

c) Yoğun kremayı ve vanilya özünü dökün. Pürüzsüz ve kremsi bir kıvama gelinceye kadar çırpın.

ç) İpeksi kakao kremasını soğutulmuş keklerin veya keklerin üzerine yayın veya sıkın.

CAM

60. Nane sır

İÇİNDEKİLER:
- 30 gr beyaz çikolata[1 ons]
- 6 gr üzüm çekirdeği yağı[2 çay kaşığı]
- 0,5 gr nane özü[yetersiz çay kaşığı]
- 1 damla yeşil gıda boyası

TALİMATLAR:
a) Beyaz çikolatayı ve yağı mikrodalgaya dayanıklı bir tabakta birleştirin ve çikolatayı 20 ila 30 saniye kadar düşük sıcaklıkta eritin.
b) Yağ ve çikolatayı ısıya dayanıklı bir spatula kullanarak , karışım parlak ve pürüzsüz hale gelinceye kadar karıştırın.
c) Nane ekstraktını ve gıda boyasını karıştırın.

61.Çilek Sır

İÇİNDEKİLER:

- 1 bardak taze çilek, kabuğu soyulmuş ve doğranmış
- 1 su bardağı pudra şekeri
- 1 yemek kaşığı limon suyu

TALİMATLAR:

a) Bir blender veya mutfak robotunda çilekleri pürüzsüz hale gelinceye kadar püre haline getirin .

b) Orta boy bir kapta , pudra şekeri ve limon suyunu birlikte çırpın.

c) Çilek püresini pudra şekeri karışımına ekleyin ve iyice karışana kadar çırpın.

ç) Sırınızı tatlınızın üzerine dökün ve servis yapmadan önce soğumasını bekleyin.

62. Kahve Sır

İÇİNDEKİLER:
- 1 su bardağı pudra şekeri
- 2 yemek kaşığı demlenmiş kahve
- ½ çay kaşığı vanilya özü

TALİMATLAR:
a) Küçük bir kapta, demlenmiş pudra şekerini çırpın. Kahve ve vanilya özütü pürüzsüz olana kadar.
b) Gerekirse daha fazla pudra şekeri ekleyerek kıvamını ayarlayın.
c) Kahve sosunu tatlınızın üzerine gezdirin ve servis yapmadan önce soğumasını bekleyin.

63.Elma Şarabı Sır

İÇİNDEKİLER:
- 1 su bardağı pudra şekeri
- 2 yemek kaşığı elma şarabı
- ½ çay kaşığı öğütülmüş tarçın

TALİMATLAR:
a) Bir karıştırma kabında pudra şekeri ve elmayı karıştırın elma şarabı ve öğütülmüş tarçın.
b) Pürüzsüz ve iyice birleşene kadar çırpın.
c) Elma şarabı sırını tatlınızın üzerine gezdirin ve servis yapmadan önce soğumasını bekleyin.

64.Kayısı Sır

İÇİNDEKİLER:
- ½ bardak kayısı konservesi
- 1 yemek kaşığı su

TALİMATLAR:
a) Küçük bir tencerede kayısı reçellerini ve suyu kısık ateşte ısıtın .
b) Reçeller eriyene ve karışım pürüzsüz hale gelinceye kadar karıştırın.
c) Isıdan çıkarın ve hafifçe soğumasını bekleyin.
ç) henüz sıcakken tatlınızın üzerine fırçayla veya kaşıkla sürün .

65. Burbon Sır

İÇİNDEKİLER:

- 1 su bardağı pudra şekeri
- 2 yemek kaşığı burbon
- 1 yemek kaşığı tuzsuz tereyağı, eritilmiş

TALİMATLAR:

a) Bir karıştırma kabında pudra şekeri, burbon ve eritilmiş tereyağını pürüzsüz hale gelinceye kadar çırpın.
b) Gerekirse daha fazla pudra şekeri ekleyerek kıvamını ayarlayın.
c) Burbon sırını tatlınızın üzerine dökün ve servis yapmadan önce soğumasını bekleyin.

66.Krem Peynir Sır

İÇİNDEKİLER:
- 4 ons krem peynir, yumuşatılmış
- 1 su bardağı pudra şekeri
- 1 çay kaşığı vanilya özü
- 2-3 yemek kaşığı süt

TALİMATLAR:
a) Bir karıştırma kabında krem peyniri pürüzsüz olana kadar çırpın.
b) Pudra şekeri ve vanilya özütünü ekleyin ve iyice birleşene kadar çırpmaya devam edin.
c) İstenilen kıvama gelinceye kadar, her seferinde bir çorba kaşığı kadar yavaş yavaş süt ekleyin.
ç) Servis etmeden önce krem peynir sosunu tatlınızın üzerine gezdirin ve soğumasını bekleyin.

67.Turuncu Sır

İÇİNDEKİLER:
- 1 su bardağı pudra şekeri
- 2 yemek kaşığı taze sıkılmış portakal suyu
- 1 çay kaşığı portakal kabuğu rendesi

TALİMATLAR:
a) Küçük bir kapta pudra şekeri ve portakalı çırpın. meyve suyu ve portakal kabuğu rendesini pürüzsüz hale gelinceye kadar çırpın.
b) Gerektikçe daha fazla pudra şekeri veya portakal suyu ekleyerek kıvamını ayarlayın .
c) Portakal sosunu tatlınızın üzerine gezdirin ve servis yapmadan önce soğumasını bekleyin.

68.Çikolatalı Tereyağlı Krema Sır

İÇİNDEKİLER:
- 1 su bardağı tuzsuz tereyağı, yumuşatılmış
- 2 su bardağı pudra şekeri
- ½ bardak kakao tozu
- 2-3 yemek kaşığı süt
- 1 çay kaşığı vanilya özü

TALİMATLAR:
a) Bir karıştırma kabında tereyağını pürüzsüz hale gelinceye kadar kremalayın.
b) Yavaş yavaş pudra şekeri ve kakao tozunu ekleyin ve iyice birleşene kadar çırpın.
c) İstenilen kıvam elde edilene kadar her seferinde bir çorba kaşığı süt ekleyin.
ç) Vanilya ekstraktını karıştırın.
d) Çikolatalı tereyağlı kremayı tatlınızın üzerine yayın veya sıkın.

69.Limon Sır

İÇİNDEKİLER:

- 1 su bardağı pudra şekeri
- 2 yemek kaşığı taze sıkılmış limon suyu
- 1 çay kaşığı limon kabuğu rendesi

TALİMATLAR:

a) Küçük bir kapta pudra şekeri ve limonu çırpın. meyve suyu ve limon kabuğu rendesini pürüzsüz hale gelinceye kadar karıştırın.

b) Gerektiğinde daha fazla pudra şekeri veya limon suyu ekleyerek kıvamını ayarlayın.

c) Limonlu sosu tatlınızın üzerine gezdirin ve servis yapmadan önce soğumasını bekleyin.

70. Mandalina Sır

İÇİNDEKİLER:

- 1 su bardağı pudra şekeri
- 2 yemek kaşığı taze sıkılmış mandalina suyu
- 1 çay kaşığı mandalina kabuğu rendesi

TALİMATLAR:

a) Küçük bir kasede pudra şekeri ve mandalinayı çırpın. meyve suyu ve mandalina kabuğu rendesini pürüzsüz hale gelinceye kadar çırpın.

b) Gerektikçe daha fazla pudra şekeri veya mandalina suyu ekleyerek kıvamını ayarlayın .

c) Mandalina sosunu tatlınızın üzerine gezdirin ve servis yapmadan önce soğumasını bekleyin.

71.Bal Sır

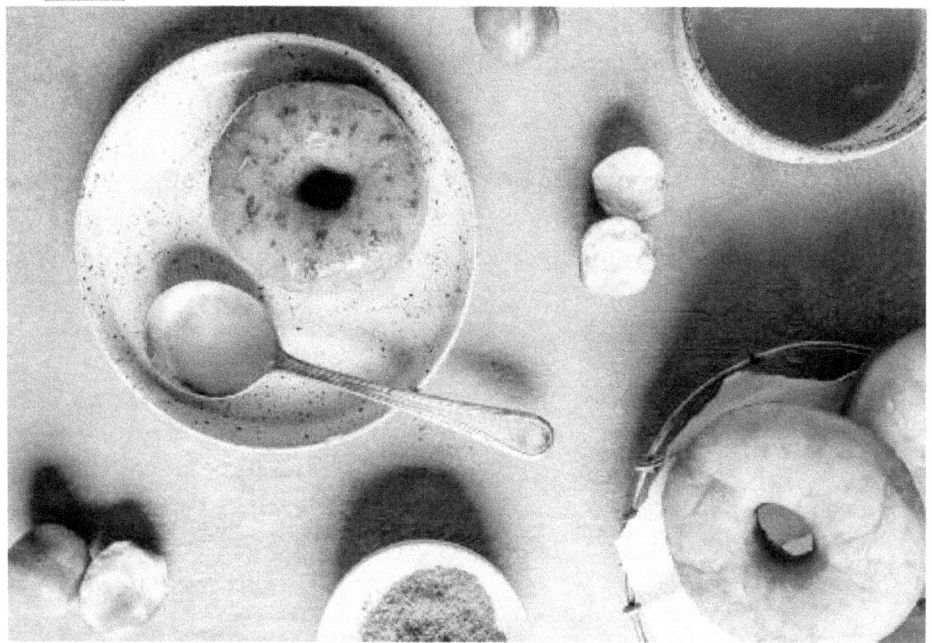

İÇİNDEKİLER:
- ½ bardak bal
- 1 yemek kaşığı limon suyu

TALİMATLAR:
a) Küçük bir tencerede bal ve limon suyunu kısık ateşte ısıtın .
b) İyice birleşene ve iyice ısıtılana kadar karıştırın.
c) Tatlınızın üzerine henüz sıcakken bal sosunu gezdirin .

72. Akçaağaç Sır

İÇİNDEKİLER:
- 1 su bardağı pudra şekeri
- 2 yemek kaşığı saf akçaağaç şurubu
- 1 yemek kaşığı süt

TALİMATLAR:
a) Bir karıştırma kabında pudra şekeri ve akçaağacı çırpın şurup ve pürüzsüz olana kadar süt.
b) Gerektiğinde daha fazla pudra şekeri veya süt ekleyerek kıvamını ayarlayın.
c) Akçaağaç sırını tatlınızın üzerine gezdirin ve servis yapmadan önce soğumasını bekleyin.

73.Ahududu Sır

İÇİNDEKİLER:

- 1 su bardağı pudra şekeri
- 2 yemek kaşığı ahududu püresi (süzülmüş)
- 1 çay kaşığı limon suyu

TALİMATLAR:

a) Küçük bir kapta pudra şekeri ve ahududuyu çırpın. püre ve limon suyunu pürüzsüz hale gelinceye kadar çırpın.

b) Gerektikçe daha fazla pudra şekeri veya ahududu püresi ekleyerek kıvamını ayarlayın .

c) Ahududu sosunu tatlınızın üzerine gezdirin ve servis etmeden önce soğumasını bekleyin.

74.Mango Sır

İÇİNDEKİLER:

- 1 su bardağı pudra şekeri
- 2 yemek kaşığı mango püresi (süzülmüş)
- 1 yemek kaşığı limon suyu

TALİMATLAR:

a) Küçük bir kapta pudra şekeri ve mangoyu birlikte çırpın. püre ve limon suyunu pürüzsüz hale gelinceye kadar çırpın.

b) Gerektiğinde daha fazla pudra şekeri veya mango püresi ekleyerek kıvamı ayarlayın.

c) Mango sırını tatlınızın üzerine gezdirin ve servis yapmadan önce soğumasını bekleyin.

75.Lavanta Sır

İÇİNDEKİLER:

- 1 su bardağı pudra şekeri
- 2 yemek kaşığı süt
- ½ çay kaşığı kurutulmuş lavanta tomurcukları (mutfak sınıfı)
- Mor gıda rengi (isteğe bağlı)

TALİMATLAR:

a) Küçük bir tencerede sütü ve kurutulmuş lavanta tomurcuklarını kısık ateşte ılık olana kadar ısıtın.

b) Ateşten alın ve yaklaşık 10 dakika demlenmesini bekleyin.

c) Lavanta tomurcuklarını çıkarmak için sütü süzün.

ç) Bir karıştırma kabında pudra şekeri ve demlenmiş sütü pürüzsüz bir kıvam alana kadar çırpın.

d) Gerektiğinde daha fazla pudra şekeri veya süt ekleyerek kıvamını ayarlayın.

e) Lavanta sırını tatlınızın üzerine gezdirin ve servis yapmadan önce soğumasını bekleyin.

76. Fıstık Ezmesi Sır

İÇİNDEKİLER:

- ½ su bardağı pudra şekeri
- 2 yemek kaşığı kremalı fıstık ezmesi
- 2-3 yemek kaşığı süt

TALİMATLAR:

a) Bir karıştırma kabında pudra şekeri ve kremalı fıstık ezmesini iyice birleşene kadar çırpın.

b) İstenilen kıvama gelinceye kadar, her defasında bir çorba kaşığı kadar yavaş yavaş süt ekleyin.

c) Fıstık ezmesi sırını tatlınızın üzerine gezdirin ve servis yapmadan önce soğumasını bekleyin.

77.Karamel Sır

İÇİNDEKİLER:

- 1 su bardağı toz şeker
- ¼ bardak su
- ½ bardak ağır krema
- 2 yemek kaşığı tuzsuz tereyağı
- ½ çay kaşığı vanilya özü

TALİMATLAR:

a) Orta boy bir tencerede toz şeker ve suyu birleştirin.
b) Orta ateşte karıştırarak pişirin şeker eriyene ve kehribar rengine dönene kadar sürekli olarak karıştırın.
c) Tencereyi ocaktan alın ve kremayı, tereyağını ve vanilya özünü dikkatlice ekleyin. Karışım köpürebileceğinden dikkatli olun.
ç) Karamel pürüzsüz ve iyice birleşene kadar karıştırın.
d) Tatlınızın üzerine dökmeden önce karamel sırının hafifçe soğumasını bekleyin.

78. Badem Sır

İÇİNDEKİLER:
- 1 su bardağı pudra şekeri
- 2 yemek kaşığı süt
- ½ çay kaşığı badem özü
- Dilimlenmiş badem (isteğe göre süslemek için)

TALİMATLAR:
a) Bir karıştırma kabında pudra şekeri , süt ve badem özünü pürüzsüz hale gelinceye kadar çırpın .
b) Gerektiğinde daha fazla pudra şekeri veya süt ekleyerek kıvamını ayarlayın .
c) Tatlınızın üzerine badem sosunu gezdirin ve isterseniz dilimlenmiş badem serpin .
ç) Servis yapmadan önce sırın sertleşmesine izin verin.

79.Hindistan Cevizi Sır

İÇİNDEKİLER:

- 1 su bardağı pudra şekeri
- 2 yemek kaşığı hindistan cevizi sütü
- ¼ çay kaşığı hindistan cevizi özü
- Hindistan cevizi (isteğe göre süslemek için)

TALİMATLAR:

a) Küçük bir kasede pudra şekeri ve hindistan cevizini çırpın süt ve hindistancevizi ekstraktını pürüzsüz hale gelinceye kadar çırpın.

b) Gerektiğinde daha fazla pudra şekeri veya hindistan cevizi sütü ekleyerek kıvamını ayarlayın.

c) Hindistan cevizi sosunu tatlınızın üzerine gezdirin ve isterseniz rendelenmiş hindistan cevizi serpin.

ç) Servis yapmadan önce sırın sertleşmesine izin verin.

80. Fıstık Sır

İÇİNDEKİLER:

- 1 su bardağı pudra şekeri
- 2 yemek kaşığı süt
- ¼ çay kaşığı badem özü
- ¼ su bardağı ince kıyılmış antep fıstığı

TALİMATLAR:

a) Bir karıştırma kabında pudra şekeri , süt ve badem özünü pürüzsüz hale gelinceye kadar çırpın .

b) Gerektiğinde daha fazla pudra şekeri veya süt ekleyerek kıvamını ayarlayın .

c) Kıyılmış antep fıstıklarını karıştırın.

ç) Antep fıstığını tatlınızın üzerine gezdirin ve servis etmeden önce soğumasını bekleyin.

81.Matcha Yeşil Çay Sır

İÇİNDEKİLER:
- 1 su bardağı pudra şekeri
- 2 yemek kaşığı süt
- 1 çay kaşığı matcha yeşil çay tozu

TALİMATLAR:
a) Küçük bir kasede pudra şekeri, süt ve şekeri çırpın. Matcha yeşil çay tozunu pürüzsüz hale gelinceye kadar karıştırın.
b) Gerektiğinde daha fazla pudra şekeri veya süt ekleyerek kıvamını ayarlayın.
c) Matcha yeşil çay sırını tatlınızın üzerine gezdirin ve servis yapmadan önce soğumasını bekleyin.

82.Ahududu Limonata Sır

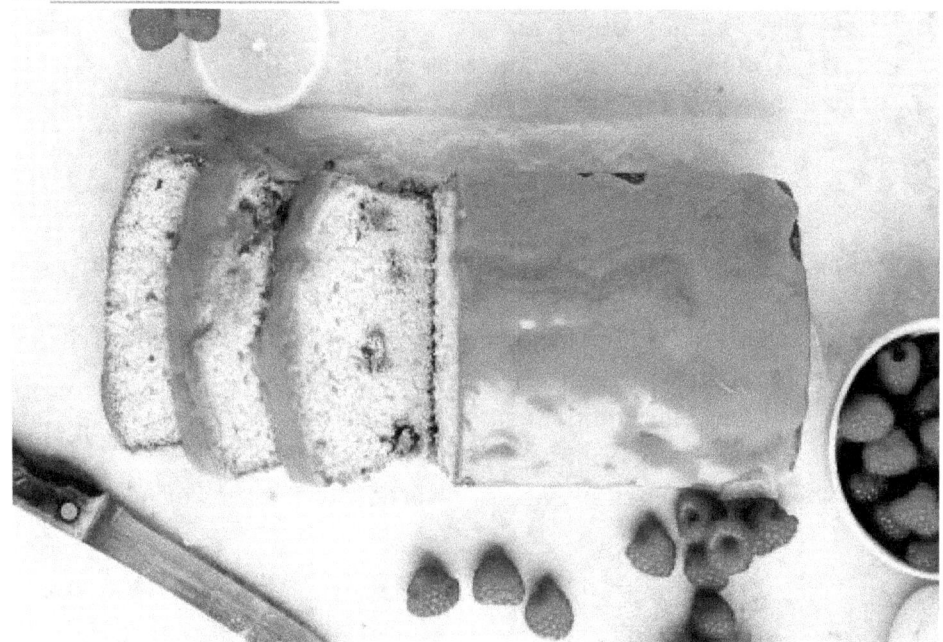

İÇİNDEKİLER:

- 1 su bardağı pudra şekeri
- 2 yemek kaşığı ahududu püresi (süzülmüş)
- 1 yemek kaşığı taze sıkılmış limon suyu
- Limon kabuğu rendesi (isteğe bağlı, garnitür için)

TALİMATLAR:

a) Küçük bir kapta pudra şekeri ve ahududuyu çırpın. püre ve limon suyunu pürüzsüz hale gelinceye kadar çırpın.

b) Gerektikçe daha fazla pudra şekeri veya ahududu püresi ekleyerek kıvamını ayarlayın .

c) Ahududulu limonata sırını tatlınızın üzerine gezdirin ve isterseniz limon kabuğu rendesi serpin .

ç) Servis yapmadan önce sırın sertleşmesine izin verin.

Ganaj

83.Balkabağı ganajı

İÇİNDEKİLER:

- 150 gr beyaz çikolata[5¼ ons]
- 25 gr tereyağı[2 yemek kaşığı]
- 50 gr glikoz[2 yemek kaşığı]
- 55 gr soğuk krema[¼ bardak]
- 75 gr Libby'nin balkabağı püresi[⅓ fincan]
- 4 gr koşer tuzu[1 çay kaşığı]
- 1 gr öğütülmüş tarçın[½ çay kaşığı]

TALİMATLAR:

a) Beyaz çikolatayı ve tereyağını mikrodalgaya dayanıklı bir tabakta birleştirin ve bunları mikrodalgada 15 saniyelik aralıklarla , patlamalar arasında karıştırarak yavaşça eritin.

b) Çikolata karışımını bir kaba aktarın . Glikozu mikrodalgada 15 saniye ısıtın, ardından hemen çikolata karışımına ekleyin ve el blenderi ile çırpın.

c) Bir dakika sonra , el blenderi çalışırken , yoğun kremayı akıtın.

ç) Balkabağı püresini , tuzu ve tarçın. Kullanmadan önce ganajı sertleşmesi için buzdolabına koyun , en az 4 saat veya ideal olarak gece boyunca .

84.Pancar-kireç ganajı

İÇİNDEKİLER:
- 2 orta boy pancar , soyulmuş ve parçalara bölünmüş (eldiven kullanın;)
- 1 limon
- gerekirse süt
- 120 gr beyaz çikolata[4¼ ons]
- 25 gr tereyağı[2 yemek kaşığı]
- 100 gr glikoz[¼ bardak]
- 55 gr soğuk krema[¼ bardak]
- 3 gr koşer tuzu[¾çay kaşığı]

TALİMATLAR:

a) Fırını 325°F'ye ısıtın.
b) işlenmesi için bir tepsiye koyun. 1 ila 2 saat veya pancarlar yumuşayana kadar kavurun ; pancarlara 30 dakikalık ek aralar verin. eğer değilse fırın.
c) Bu arada limonun kabuğunu rendeleyin ; ayırın. Limonun 8 gr (2 çay kaşığı) suyunu sıkın ve ayırın.
ç) Pancarları blendera aktarın ve püre haline getirin . (Eğer blenderınız sorun çıkarıyorsa , harekete geçmesine yardımcı olmak için 1 çorba kaşığı kadar süt ekleyin.) Püreyi ince delikli bir süzgeçten geçirin; Libby'nin balkabağı dokusuna sahip olmalıdır. püresi (veya bebek maması). 120 g (⅓ bardak) pancar püresini ölçün. Soğumaya bırakın.
d) Beyaz çikolatayı ve tereyağını mikrodalgaya dayanıklı bir kapta birleştirin ve bunları mikrodalgada 15 saniyelik aralıklarla , patlamalar arasında karıştırarak yavaşça eritin . Sonuç, dokunulamayacak kadar sıcak ve tamamen homojen olmalıdır.
e) Çikolata karışımını, daldırma blenderinin sığabileceği bir kaba (1 litrelik plastik şarküteri kabı gibi uzun ve dar bir şeye) aktarın. Glikozu mikrodalgada 15 saniye ısıtın, ardından hemen çikolata karışımına ekleyin ve elinizle çalkalayın. Bir dakika sonra , el blenderi çalışırken yoğun kremayı ekleyin; karışım ipeksi, parlak ve pürüzsüz bir şey halinde bir araya gelecektir .
f) püresini ve limonu karıştırın lezzet ve tuz. Ganajı sertleşmesi için 30 dakika buzdolabına koyun.
g) Limon suyunu ganajın içine katlamak için bir spatula kullanın (ganaj sertleşene kadar bunu yapmayın , yoksa ganajı kırarsınız). Ganajı tekrar en az 3 saat veya ideal olarak bir gece boyunca buzdolabına koyun. Hava almayan bir kapta buzdolabında 1 hafta saklanabilir. Soğuk servis yapın .

85.Çikolatalı fındıklı ganaj

İÇİNDEKİLER:

- 55 gr krema[¼ bardak]
- 60 gr gianduja çikolata,eritilmiş [2 ons]
- 65 gr fındık ezmesi[¼ su bardağı]
- ¼porsiyon Şekerleme Sosu[38 g(3 yemek kaşığı)]
- 1 gr koşer tuzu[¼ çay kaşığı]

TALİMATLAR:

a) Ağır kremayı küçük, ağır tabanlı bir tencerede orta-yüksek ateşte kaynatın.

b) Bu arada eritilmiş gianduja ve fındığı birleştirin macun, şekerleme orta boy bir kasede sos ve tuz.

c) Kremayı kaseye dökün ve 1 dakika boyunca rahatsız edilmeden bekletin . Bir el blenderi veya çırpma teli kullanarak, karışım parlak ve ipeksi pürüzsüz bir kıvama gelinceye kadar kasenin içindekileri yavaşça karıştırın.

ç) hızınıza ve gücünüze bağlı olarak 2 ila 4 dakika sürecektir. Derhal veya hava geçirmez bir kapta buzdolabında 2 haftaya kadar saklayın; dondurmayın.

86.Graham ganajı

İÇİNDEKİLER:

- ½ porsiyon Graham Crust
- 85 gr süt[⅓ bardak]
- 2 gr koşer tuzu[½ çay kaşığı]

TALİMATLAR:

a) Graham kabuğunu, sütü ve tuzu bir karıştırıcıda birleştirin ve pürüzsüz ve homojen olana kadar orta hızda püre haline getirin; bu 1 ila 3 dakika sürecektir (blenderınızın muhteşemliğine bağlı olarak).

b) bıçağınıza bulaşmazsa, kapatın, küçük bir çay kaşığı alın ve bıçağın altını kazımayı unutmadan kutunun kenarlarını kazıyın ve tekrar deneyin.

c) Ganajı hemen kullanın veya 5 güne kadar buzdolabında hava geçirmez bir kapta saklayın.

87.Bitter Çikolatalı Ganaj

İÇİNDEKİLER:

- 8 ons (225g) bitter çikolata, ince doğranmış
- 1 su bardağı (240ml) krema

TALİMATLAR:

a) Kıyılmış bitter çikolatayı ısıya dayanıklı bir kaseye koyun.
b) Küçük bir tencerede , ağır kremayı orta ateşte kaynamaya başlayıncaya kadar ısıtın.
c) Sıcak kremayı çikolatanın üzerine dökün ve bir dakika bekletin.
ç) Karışımı çikolata tamamen eriyene ve pürüzsüz hale gelinceye kadar karıştırın.
d) Kullanmadan önce ganajın biraz soğumasını bekleyin.

88. Sütlü Çikolatalı Ganaj

İÇİNDEKİLER:
- 8 ons (225g) sütlü çikolata, ince doğranmış
- 1 su bardağı (240ml) krema

TALİMATLAR:
a) İnce doğranmış sütlü çikolatayı ısıya dayanıklı bir kaba koyun ve bir kenara koyun.
b) Küçük bir tencerede, ağır kremayı orta ateşte kaynamaya başlayıncaya kadar ısıtın. Kaynamasına izin vermeyin.
c) Tencereyi ocaktan alın ve sıcak kremayı doğranmış sütlü çikolatanın üzerine dökün.
ç) Çikolatanın yumuşamasını sağlamak için karışımı 1-2 dakika karıştırmadan bekletin.
d) Bir çırpma teli veya spatula kullanarak, çikolata tamamen eriyene ve ganaj pürüzsüz ve kremsi hale gelinceye kadar karışımı yavaşça karıştırın.
e) Ganajın oda sıcaklığında yaklaşık 30 dakika soğumasını bekleyin, ardından üzerini plastik ambalajla örtün ve en az 2 saat veya sertleşene kadar buzdolabında saklayın.
f) Ganaj soğuyup sertleştikten sonra kek, kek veya kurabiyelerde dolgu olarak kullanabilirsiniz. Ayrıca brownie, dondurma veya puding gibi tatlıların üzerini kaplamak veya gezdirmek için de kullanılabilir.

89.Beyaz Çikolatalı Ganaj

İÇİNDEKİLER:

- 8 ons (225g) beyaz çikolata, ince doğranmış
- ½ su bardağı (120ml) krema

TALİMATLAR:

a) Kıyılmış beyaz çikolatayı ısıya dayanıklı bir kaseye koyun.
b) Küçük bir tencerede, ağır kremayı orta ateşte kaynamaya başlayıncaya kadar ısıtın.
c) Sıcak kremayı beyaz çikolatanın üzerine dökün ve bir dakika bekletin.
ç) Karışımı çikolata tamamen eriyene ve pürüzsüz hale gelinceye kadar karıştırın.
d) Kullanmadan önce ganajın biraz soğumasını bekleyin.

90.Bitter Çikolatalı Portakallı Ganaj

İÇİNDEKİLER:

- 8 ons (225g) bitter çikolata, ince doğranmış
- 1 su bardağı (240ml) krema
- 1 portakalın kabuğu rendesi

TALİMATLAR:

a) İnce doğranmış bitter çikolatayı ısıya dayanıklı bir kaseye koyun ve bir kenara koyun.
b) Küçük bir tencerede, ağır kremayı orta ateşte kaynamaya başlayıncaya kadar ısıtın. Kaynamasına izin vermeyin.
c) Krema kaynayınca ocaktan alın ve doğranmış çikolatanın üzerine dökün.
ç) Çikolatanın yumuşamasını sağlamak için karışımı 1-2 dakika karıştırmadan bekletin.
d) Bir çırpma teli veya spatula kullanarak, çikolata tamamen eriyene ve ganaj pürüzsüz ve parlak hale gelinceye kadar karışımı yavaşça karıştırın.
e) Ganajın içine 1 portakalın kabuğunu ekleyin ve iyice birleşene kadar karıştırın.
f) Ganajın oda sıcaklığında yaklaşık 30 dakika soğumasını bekleyin, ardından üzerini plastik ambalajla örtün ve en az 2 saat veya sertleşene kadar buzdolabında saklayın.
g) Ganaj soğuyup sertleştikten sonra kek, turta veya diğer tatlıların dolgusu olarak kullanabilirsiniz. Ayrıca yer mantarı şeklinde şekillendirebilir veya sır veya sos olarak kullanabilirsiniz.

91.Espresso Bitter Çikolatalı Ganaj

İÇİNDEKİLER:

- 8 ons (225g) bitter çikolata, ince doğranmış
- 1 su bardağı (240ml) krema
- 2 yemek kaşığı hazır espresso tozu

TALİMATLAR:

a) İnce doğranmış bitter çikolatayı ısıya dayanıklı bir kaseye koyun ve bir kenara koyun.
b) Küçük bir tencerede, ağır kremayı orta ateşte kaynamaya başlayıncaya kadar ısıtın. Kaynamasına izin vermeyin.
c) Tencereyi ocaktan alın ve hazır espresso tozunu kremaya ekleyin. Espresso tozu tamamen eriyene kadar iyice karıştırın.
ç) Sıcak krema karışımını doğranmış çikolatanın üzerine dökün.
d) Çikolatanın yumuşamasını sağlamak için karışımı 1-2 dakika karıştırmadan bekletin.
e) Bir çırpma teli veya spatula kullanarak, çikolata tamamen eriyene ve ganaj pürüzsüz ve parlak hale gelinceye kadar karışımı yavaşça karıştırın.
f) Ganajın oda sıcaklığında yaklaşık 30 dakika soğumasını bekleyin, ardından üzerini plastik ambalajla örtün ve en az 2 saat veya sertleşene kadar buzdolabında saklayın.
g) Ganaj soğuyup sertleştikten sonra kek, kek veya hamur işlerinde dolgu olarak kullanabilirsiniz. Ayrıca tatlılar için sır veya çökmekte olan bir üst malzeme olarak da kullanılabilir.

92.Tuzlu Karamelli Ganaj

İÇİNDEKİLER:

- 8 ons (225g) bitter çikolata, ince doğranmış
- 1 su bardağı (240ml) krema
- ½ su bardağı (120ml) tuzlu karamel sosu

TALİMATLAR:

a) İnce doğranmış bitter çikolatayı ısıya dayanıklı bir kaseye koyun ve bir kenara koyun.
b) Küçük bir tencerede, ağır kremayı orta ateşte kaynamaya başlayıncaya kadar ısıtın. Kaynamasına izin vermeyin.
c) Tencereyi ocaktan alın ve sıcak kremayı doğranmış çikolatanın üzerine dökün.
ç) Çikolatanın yumuşamasını sağlamak için karışımı 1-2 dakika karıştırmadan bekletin.
d) Bir çırpma teli veya spatula kullanarak, çikolata tamamen eriyene ve ganaj pürüzsüz ve parlak hale gelinceye kadar karışımı yavaşça karıştırın.
e) Tuzlu karamel sosunu ganajın üzerine ekleyin ve iyice birleşene kadar karıştırın.
f) Ganajın oda sıcaklığında yaklaşık 30 dakika soğumasını bekleyin, ardından üzerini plastik ambalajla örtün ve en az 2 saat veya sertleşene kadar buzdolabında saklayın.
g) Ganaj soğuyup sertleştikten sonra kek, kek veya hamur işlerinde dolgu olarak kullanabilirsiniz. Ayrıca dondurma, brownie veya kurabiye gibi tatlıların üzerine konulacak veya gezdirilecek şekilde de kullanılabilir.

93.Ahududu Beyaz Çikolatalı Ganaj

İÇİNDEKİLER:

- 8 ons (225g) beyaz çikolata, ince doğranmış
- ½ su bardağı (120ml) krema
- ¼ bardak (60ml) ahududu püresi

TALİMATLAR:

a) İnce doğranmış beyaz çikolatayı ısıya dayanıklı bir kaseye koyun ve bir kenara koyun.

b) Küçük bir tencerede, ağır kremayı orta ateşte kaynamaya başlayıncaya kadar ısıtın. Kaynamasına izin vermeyin.

c) Tencereyi ocaktan alın ve sıcak kremayı doğranmış beyaz çikolatanın üzerine dökün.

ç) Çikolatanın yumuşamasını sağlamak için karışımı 1-2 dakika karıştırmadan bekletin.

d) tamamen eriyene ve ganaj pürüzsüz ve kremsi hale gelinceye kadar karışımı yavaşça karıştırın.

e) Ahududu püresini ganajın içine ekleyin ve iyice birleşene kadar karıştırın. Ahududu püresini, taze veya dondurulmuş ahududuları bir blender veya mutfak robotunda pürüzsüz hale gelinceye kadar karıştırıp, ardından çekirdeklerini süzerek yapabilirsiniz.

f) Ganajın oda sıcaklığında yaklaşık 30 dakika soğumasını bekleyin, ardından üzerini plastik ambalajla örtün ve en az 2 saat veya sertleşene kadar buzdolabında saklayın.

g) Ganaj soğuyup sertleştikten sonra kek, kek veya makaronların dolgusu olarak kullanabilirsiniz. Ayrıca cheesecake, turta veya mousse gibi tatlılar için üst malzeme veya çiseleyen yağmurluk olarak da kullanılabilir.

94.Naneli Çikolatalı Ganaj

İÇİNDEKİLER:
- 8 ons (225g) bitter çikolata, ince doğranmış
- 1 su bardağı (240ml) krema
- ½ çay kaşığı nane özü

TALİMATLAR:
a) İnce doğranmış bitter çikolatayı ısıya dayanıklı bir kaseye koyun ve bir kenara koyun.
b) Küçük bir tencerede, ağır kremayı orta ateşte kaynamaya başlayıncaya kadar ısıtın. Kaynamasına izin vermeyin.
c) Tencereyi ocaktan alın ve sıcak kremayı doğranmış bitter çikolatanın üzerine dökün.
ç) Çikolatanın yumuşamasını sağlamak için karışımı 1-2 dakika karıştırmadan bekletin.
d) Bir çırpma teli veya spatula kullanarak, çikolata tamamen eriyene ve ganaj pürüzsüz ve parlak hale gelinceye kadar karışımı yavaşça karıştırın.
e) Nane özünü ganajın içine ekleyin ve iyice birleşene kadar karıştırın. Ekstrakt miktarını istediğiniz nane aroması seviyesine göre ayarlayın.
f) Ganajın oda sıcaklığında yaklaşık 30 dakika soğumasını bekleyin, ardından üzerini plastik ambalajla örtün ve en az 2 saat veya sertleşene kadar buzdolabında saklayın.
g) Ganaj soğuyup sertleştikten sonra kek, kek veya yer mantarı için dolgu olarak kullanabilirsiniz. Ayrıca brownie, dondurma veya kurabiye gibi tatlıların üzerini kaplamak veya gezdirmek için de kullanılabilir.

95. Fıstık Ezmeli Çikolatalı Ganaj

İÇİNDEKİLER:

- 8 ons (225g) bitter çikolata, ince doğranmış
- 1 su bardağı (240ml) krema
- ½ su bardağı (120 ml) pürüzsüz fıstık ezmesi

TALİMATLAR:

a) İnce doğranmış bitter çikolatayı ısıya dayanıklı bir kaseye koyun ve bir kenara koyun.
b) Küçük bir tencerede, ağır kremayı orta ateşte kaynamaya başlayıncaya kadar ısıtın. Kaynamasına izin vermeyin.
c) Tencereyi ocaktan alın ve sıcak kremayı doğranmış bitter çikolatanın üzerine dökün.
ç) Çikolatanın yumuşamasını sağlamak için karışımı 1-2 dakika karıştırmadan bekletin.
d) Bir çırpma teli veya spatula kullanarak, çikolata tamamen eriyene ve ganaj pürüzsüz ve parlak hale gelinceye kadar karışımı yavaşça karıştırın.
e) Pürüzsüz fıstık ezmesini ganajın içine ekleyin ve iyice birleşene kadar karıştırın. Daha kolay karıştırmak için fıstık ezmesinin oda sıcaklığında olduğundan emin olun.
f) Ganajın oda sıcaklığında yaklaşık 30 dakika soğumasını bekleyin, ardından üzerini plastik ambalajla örtün ve en az 2 saat veya sertleşene kadar buzdolabında saklayın.
g) Ganaj soğuyup sertleştikten sonra kek, kek veya kurabiyelerde dolgu olarak kullanabilirsiniz. Ayrıca brownie, dondurma veya cheesecake gibi tatlıların üzerine serpmek veya gezdirmek için de kullanılabilir.

96.Hindistan Cevizli Beyaz Çikolatalı Ganaj

İÇİNDEKİLER:

- 8 ons (225g) beyaz çikolata, ince doğranmış
- ½ su bardağı (120ml) krema
- ½ su bardağı (50 gr) kıyılmış hindistan cevizi

TALİMATLAR:

a) İnce doğranmış beyaz çikolatayı ısıya dayanıklı bir kaseye koyun ve bir kenara koyun.
b) Küçük bir tencerede, ağır kremayı orta ateşte kaynamaya başlayıncaya kadar ısıtın. Kaynamasına izin vermeyin.
c) Tencereyi ocaktan alın ve sıcak kremayı doğranmış beyaz çikolatanın üzerine dökün.
ç) Çikolatanın yumuşamasını sağlamak için karışımı 1-2 dakika karıştırmadan bekletin.
d) tamamen eriyene ve ganaj pürüzsüz ve kremsi hale gelinceye kadar karışımı yavaşça karıştırın .
e) Rendelenmiş hindistan cevizini ganajın içine ekleyin ve iyice birleşene kadar karıştırın. Hindistan cevizinin ganajın her tarafına eşit şekilde dağıldığından emin olun .
f) Ganajın oda sıcaklığında yaklaşık 30 dakika soğumasını bekleyin, ardından üzerini plastik ambalajla örtün ve en az 2 saat veya sertleşene kadar buzdolabında saklayın.
g) Ganaj soğuyup sertleştikten sonra kek, kek veya barların dolgusu olarak kullanabilirsiniz. Ayrıca turta, turta veya kurabiye gibi tatlıların üzerine serpmek veya gezdirmek için de kullanılabilir.

97. Fındıklı Bitter Çikolatalı Ganaj

İÇİNDEKİLER:

- 8 ons (225g) bitter çikolata, ince doğranmış
- 1 su bardağı (240ml) krema
- ½ su bardağı (75g) kıyılmış kavrulmuş fındık

TALİMATLAR:

a) İnce doğranmış bitter çikolatayı ısıya dayanıklı bir kaseye koyun ve bir kenara koyun.

b) Küçük bir tencerede, ağır kremayı orta ateşte kaynamaya başlayıncaya kadar ısıtın. Kaynamasına izin vermeyin.

c) Tencereyi ocaktan alın ve sıcak kremayı doğranmış bitter çikolatanın üzerine dökün.

ç) Çikolatanın yumuşamasını sağlamak için karışımı 1-2 dakika karıştırmadan bekletin.

d) Bir çırpma teli veya spatula kullanarak, çikolata tamamen eriyene ve ganaj pürüzsüz ve parlak hale gelinceye kadar karışımı yavaşça karıştırın.

e) Doğranmış kavrulmuş fındıkları ganajın içine ekleyin ve iyice birleşene kadar karıştırın. Fındıkları eklemeden önce soğuduğundan emin olun.

f) Ganajın oda sıcaklığında yaklaşık 30 dakika soğumasını bekleyin, ardından üzerini plastik ambalajla örtün ve en az 2 saat veya sertleşene kadar buzdolabında saklayın.

g) Ganaj soğuyup sertleştikten sonra kek, kek veya hamur işlerinde dolgu olarak kullanabilirsiniz. Ayrıca brownie, dondurma veya krep gibi tatlıların üzerine konulacak veya gezdirilecek şekilde de kullanılabilir.

98.Badem Sütlü Çikolatalı Ganaj

İÇİNDEKİLER:
- 8 ons (225g)sütlü çikolata, ince doğranmış
- 1 su bardağı (240ml)badem sütü

TALİMATLAR:
a) Kıyılmış sütlü çikolatayı ısıya dayanıklı bir kaseye yerleştirin.
b) Küçük bir tencerede badem sütünü orta ateşte kaynamaya başlayıncaya kadar ısıtın.
c) Sıcak badem sütünü çikolatanın üzerine dökün ve bir dakika bekletin.
ç) Karışımı çikolata tamamen eriyene ve pürüzsüz hale gelinceye kadar karıştırın.
d) Kullanmadan önce ganajın biraz soğumasını bekleyin.

99. Hindistan Cevizi Sütlü Bitter Çikolatalı Ganaj

İÇİNDEKİLER:

- 8 ons (225g) bitter çikolata, ince doğranmış
- 1 su bardağı (240ml) hindistan cevizi sütü

TALİMATLAR:

a) Kıyılmış bitter çikolatayı ısıya dayanıklı bir kaseye koyun.
b) Küçük bir tencerede hindistan cevizi sütünü orta ateşte kaynamaya başlayıncaya kadar ısıtın.
c) Sıcak hindistan cevizi sütünü çikolatanın üzerine dökün ve bir dakika bekletin.
ç) Karışımı çikolata tamamen eriyene ve pürüzsüz hale gelinceye kadar karıştırın.
d) Kullanmadan önce ganajın biraz soğumasını bekleyin.

100. Karamelize Beyaz Çikolatalı Ganaj

İÇİNDEKİLER:

- 8 ons (225g) beyaz çikolata
- Bir tutam deniz tuzu

TALİMATLAR:

a) Fırınınızı 250° F'ye (120°C) önceden ısıtın.
b) Beyaz çikolatayı parşömen kağıdıyla kaplı bir fırın tepsisine yerleştirin.
c) Çikolatanın üzerine bir tutam deniz tuzu serpin.
ç) Çikolatayı , altın sarısı bir renk alıp karamelize olana kadar her 10 dakikada bir karıştırarak yaklaşık 1 saat pişirin.
d) Çikolatayı fırından çıkarın ve tamamen soğumasını bekleyin.
e) Karamelize edilmiş beyaz çikolatayı ince ince doğrayın.
f) Isıya dayanıklı bir kapta , karamelize beyaz çikolatanın üzerine 1 bardak (240ml) kaynayan kremayı dökün.
g) Çikolata tamamen eriyene ve pürüzsüz hale gelinceye kadar karıştırın.
ğ) Kullanmadan önce ganajın biraz soğumasını bekleyin.

ÇÖZÜM

"EN İYİ TEREYAĞI KREM YEMEK KİTABI"nın sonuna geldiğimizde, tereyağının lezzetli dünyasını keşfetmekten ve pişirme oyununuzu geliştirmenin yeni yollarını keşfetmekten keyif aldığınızı umuyoruz. İster tereyağlı krema konusunda acemi olun ister deneyimli bir profesyonel olun, krema ve krema dünyasında her zaman öğrenilecek ve keşfedilecek yeni bir şeyler olduğuna inanıyoruz.

Bu tarifleri kendinize ait hale getirmek için farklı tatlar, renkler ve dekoratif teknikler denemenizi öneririz. Sonuçta, tereyağlı kremanın güzelliği, çok yönlülüğünde ve her türlü tatlıya veya duruma uyum sağlama yeteneğinde yatmaktadır. Bu yüzden yaratıcı olmaktan ve hayal gücünüzün çılgına dönmesine izin vermekten korkmayın.

Buttercream dünyasındaki bu tatlı yolculukta bize katıldığınız için teşekkür ederiz. Günleriniz çürümüş tatlılar, kremalı kremalar ve bol miktarda tatlı hoşgörü ile dolu olsun. Mutlu pişirme!

www.ingramcontent.com/pod-product-compliance
Lightning Source LLC
LaVergne TN
LVHW021711060526
838200LV00050B/2611